Antje Tittelmeier

Transformation ins *Licht*

Bedienungsanleitung zum Erwachen

**Wissen aus der geistigen Welt
übermittelt von**

Jesus Christus

**Triskel
Verlag**

Bibliografische Information der Deutschen Nationalbibliothek:
Die Deutsche Nationalbibliothek verzeichnet diese Publikation in der Deutschen Nationalbibliografie; detaillierte bibliografische Daten sind im Internet über http://dnb.d-nb.de abrufbar.

Impressum
Originalausgabe
© 2020 by Triskel Verlag Antje Tittelmeier, Wendeburg
Autorenportrait Umschlag: © by lightvision
Coverfoto © IStock
Herstellung: Kai Tittelmeier
Druck: Triple AAA Druckproduktion, Gilching

Die in diesem Buch vorgestellten Übungen, Ratschläge und Informationen wurden nach bestem Wissen und Gewissen zusammengestellt und geprüft, dennoch übernehmen Autorin und Verlag keinerlei Haftung für Schäden jeglicher Art, die sich direkt oder indirekt aus dem Gebrauch der Informationen, Tipps, Ratschlägen, Übungen oder Meditationen ergeben. Im Zweifelsfall holen Sie sich bitte ärztlichen Rat ein.

ISBN 978-3-96458-003-0
www.triskel-verlag.de

Inhaltsverzeichnis

Widmung

Ich widme dieses Buch allen inkarnierten Seelen auf diesem Planeten. Möge sich der Funken in ihren Herzen durch dieses Buch entzünden und sie auf dem Weg zum Erwachen führen.

Jesus Christus

Anmerkung

Das Wissen in diesem Buch ist sehr gehaltvoll und kompakt. Meine Empfehlung ist, es nicht in einem Durchgang vollständig zu lesen, sondern sich Zeit für jedes einzelne Kapitel zu nehmen. Lass die Worte in Ruhe auf dich wirken, nimm die Schwingung mit dem Herzen auf und schenke dir Raum zur Verarbeitung. Wenn du die einzelnen Zitate, die zwischendurch sehr groß dargestellt sind, langsam und laut liest, kannst du die tiefe Wahrheit noch besser aufnehmen und verinnerlichen. Die beschriebenen Meditationen und Übungen sind sehr intensiv. So ist es ratsam, sich hierfür ausreichend Zeit einzurichten. Wenn du die Meditationen lieber anhören möchtest, findest du am Ende des Buches Hinweise auf entsprechende Audio-CD`s.

Aus eigener Erfahrung weiß ich, dass der Weg der Transformation manchmal holprig und anstrengend sein kann. Zögere nicht, dir therapeutische Unterstützung zu holen, wenn du den Impuls verspürst. Tiefgreifende Entwicklungsprozesse brauchen Raum zur inneren Verarbeitung. So sieh dieses Buch als Wegbegleiter, der dich auf dem Weg der persönlichen Transformation unterstützt. Ich wünsche dir dabei viel Freude, Leichtigkeit, Mut und Vertrauen.

Herzlichst

Antje Tittelmeier

Einleitung

Dieses gechannelte Buch ist ein Impulsgeber für die neue Zeit. Es begleitet dich durch deine persönliche Transformation, die ansteht in diesen Jahren der Verwandlung. Mach dich bereit für den nächsten Entwicklungsschritt und entdecke jetzt dein wahres Potential.

Spürst du die Sehnsucht in deinem Herzen, mehr Freude, Leichtigkeit und Energie zu offenbaren? Erinnerst du dich an die Träume deiner Kindheit? Sprenge die Fesseln deiner eigenen Begrenzungen, (er)-löse dich von der Macht deines Egos und tauche ein in die göttliche Schwingungsfrequenz deiner Seele. Entdecke deinen wahren Wesenskern und bring dein lichtvolles Selbst zum Strahlen. Werde wieder zum Schöpfer deines eigenen Lebens und gestalte die Zukunft neu. Wir alle sind Kinder des Lichts, eingebunden in das Wunder der Schöpfung. Indem wir die Liebe verstärken, setzen wir ein Zeichen der Verbundenheit unserer Herzen. Der Weg der Liebe führt ins Licht, in die Vollkommenheit und das Einssein mit allem was ist.

Die Zeit des Erwachens ist gekommen und der kollektive Bewusstseinssprung möglich. Jede Seele kann sich vorbereiten auf die Transformation ins Licht und den Aufstieg in eine neue Dimension. Die zwölf Kapitel in diesem Buch beinhalten konkrete Anleitungen, wie der Weg der Verwandlung beschritten werden kann. Praktische Übungen, Meditationen und Affirmationen geben konkrete Hilfe für die Umsetzung des Wissens im Alltag. Einzelne Zitate bringen die Essenz auf den Punkt und verdeutlichen die Schwerpunkte der einzelnen Themenbereiche.

Der Weg erscheint dir vielleicht zu unglaublich einfach und um ehrlich zu sein, er ist es in der Tat. Und doch fällt vielen Menschen die Umsetzung noch sehr schwer, da Gewohnheiten und Prägungen der Vergangenheit den Schritt zur Erlösung blockieren. Allein der sehnsuchtsvolle Wunsch in deinem Herzen bringt dich in tiefen Kontakt mit dir selbst und ermöglicht das Wunder der Verwandlung. Bleib niemals stehen, entdecke dich neu und halte einfach alles für möglich.

Du bist das Wunder dieser Welt, ein göttliches Wesen in menschlichem Gewand. Lebe dein wahres Potential und werde zum Leuchtturm, der anderen Halt und Orientierung gibt. Je mehr Menschen ihre volle Strahlkraft leben, desto schneller wird sich der große Wandel vollziehen.

Gestalten wir gemeinsam eine Welt voller Liebe, Freude und Wahrhaftigkeit, in der Mitgefühl, Frieden und Dankbarkeit in den Herzen der Menschen wohnen.

Licht und Schatten

In unserer irdischen Welt erleben wir die Realität in dem beständigen Zusammenspiel scheinbarer Gegensätze, die sich in Wahrheit jedoch zu einer vollkommenen Einheit zusammenschließen. Dabei ist die Vielfalt auf dem Planeten Erde einfach überwältigend. Allein die Naturphänomene, die Jahreszeiten, der Tag- und Nachtrhythmus und die Wandlungsfähigkeit der einzelnen Elemente können uns in großes Staunen versetzen. Die gesamte Schöpfung beinhaltet Licht und Schatten und ist damit der ideale Erfahrungsort für alle Seelen dieser Erde. Denn nur in der Dualität können wir uns wirklich spüren, erleben das Spannungsfeld von hell und dunkel, von heiß und kalt, von hart und weich. Diese Gegensätze bedingen einander, gehen auseinander hervor und verschmelzen im Einssein des großen Ganzen. Das jahrtausendealte Symbol des Yin und Yang verdeutlicht diesen Prozess der Harmonie und des wunderbaren Ausgleichs.

Jeder Mensch hat männliche und weibliche Aspekte in sich, die je nach Persönlichkeit unterschiedlich stark ausgeprägt sein können. So wie das Gleichgewicht des Symbols zeigt, wäre eine Balance beider Anteile optimal, um im Gleichgewicht zu sein und sowohl weibliche als auch männliche Eigenschaften auszuleben.

In jedem Menschen schlummert ein enorm großes Potential persönlicher Weiterentwicklung, das nur darauf wartet, entdeckt und erkannt zu werden.

Nutzen wir den Weg der Erkenntnis, können wir uns viele leidvolle Erfahrungen sparen. Bringen wir Licht ins Dunkel der Unbewusstheit, können wir unser Leben aktiv und selbstbestimmt gestalten. Erkennen wir das Prinzip von Licht und Schatten, das uns hier auf der Erde begegnet, können wir uns damit auseinandersetzen und eine bewusste Entscheidung treffen, welcher Qualität wir mehr Aufmerksamkeit schenken möchten. "Wende dein Gesicht der Sonne zu, dann fallen die Schatten hinter dich", so lautet ein bekanntes Zitat aus Afrika. Je mehr Liebe wir empfinden und ausstrahlen, desto lichtvoller gestalten wir unser Leben.

In dieser speziellen Zeit der Transformation ist es besonders wichtig, sich der stetigen Schwingungserhöhung der Erde anzupassen. Dennoch ist es ratsam, auch negativen Gedanken und Gefühlen Raum zu geben und sich mit ihnen zu konfrontieren. Denn eine Verdrängung dieser Anteile würde zu inneren Blockaden und seelischem Ungleichgewicht führen. Alle Emotionen als wichtige Botschaften zu erkennen, ist ein heilsamer Weg zu mehr Frieden mit sich und seiner Vergangenheit. Und auch wenn anfangs viel Mut dazugehört, sich mit den eigenen Schatten zu beschäftigen, so steht dahinter ein Weg der Selbsterkenntnis und Selbstliebe. Denn nur wenn ich mich mit all meinen Aspekten des Seins annehmen und lieben lerne, kann ich authentisch und kraftvoll mein Leben gestalten und zum Schöpfer meiner eigenen Realität werden.

Die Konfrontation mit den dunkelsten Seiten in uns kann uns versöhnen und zu tiefer Selbstvergebung führen. Wenn ich erkenne und annehme, dass auch ich schon einmal ein Täter war, der anderen Schlimmes angetan hat, dann kann ich heute meine Gefühle von Opferrollen neu definieren.

Wer seine Feinde lieben lernt, erfährt tiefen Frieden und Heilung in sich selbst. Wir alle sind hier auf dieser Welt, um voneinander zu lernen, uns weiter zu entwickeln und unser innewohnendes Potential zu entfalten.

„Freunde dich mit deinen Feinden an, sie spiegeln dir Facetten deines Selbstes.

Liebe deine Fehler, sie bieten dir den Raum zur Weiterentwicklung.

Lache über deine Schwächen, sie schenken dir das Erkennen des Wesentlichen."

Die Welt im Wandel

Bereits seit vielen Jahren ist er im Gespräch, der Prozess der Transformation auf der Erde. Es geht dabei um eine Erhöhung der Schwingungs- und Lichtfrequenzen, die das Leben in Kürze entscheidend verändern wird. Die Welt wird zur Zeit unfassbar großen Durchlichtungsprozessen ausgesetzt, die eine sagenhafte Verwandlung herbeiführen werden. Die hohen Strahlungsfrequenzen heben das Energielevel an und sorgen dafür, dass nur noch Schwingungen derselben Resonanz an ihr haften bleiben.

So wie ein Kreisel, der erst ruhig und gleichmäßig in hoher Drehzahl flüssig läuft, kommt die Erde erst zu dieser Ruhe, wenn die höchste Energie erreicht ist. Auch beim Andrehen des Kreisels kommt es oft zu vorübergehenden Schwankungen oder Schlingerbewegungen.

In diesem Prozess befindet sich gerade die Welt. So erschüttern Naturkatastrophen, Meteoriteneinschläge und Sonnenstürme das Energiefeld, wodurch es zu regelrechten Ausnahmezuständen kommen kann. Die Naturgewalten ordnen sich neu, stabile Säulen und feste Verankerungen geraten ins Wanken und werden vollkommen neu ausgerichtet. Die Pole verschieben sich und sorgen für eine komplette Umverteilung der Meeresbewegungen. Alle Meere und Ozeane verändern ihre Struktur und Ausrichtung, neue Kontinente werden entstehen, einige Erdteile verschwinden.

Der Wandlungsprozess der Erde hat große Auswirkungen auf die Pflanzen- und Tierwelt, die sich den neuen Gegebenheiten anpassen werden. Das ganze Leben in seiner Schöpferkette wird beeinträchtigt und vor große Herausforderungen gestellt.

Wie ein großer Befreiungsschlag wird es sich anfühlen, wenn er vollzogen ist, der große Umwandlungsprozess. Er wandelt, er räumt auf, er schafft Platz für neue wundersame Geschehnisse hier auf Erden. Die große Transformation ist bereits in vollem Gange und kann durch nichts und niemanden aufgehalten werden. Es ist die Bestimmung der Welt, sich immer weiterzuentwickeln und zu vervollkommnen, so wie sich auch die Menschheit weiterentwickeln und veredeln kann.

Jeder einzelne Mensch wird angehoben in dieser Zeit, denn die Veränderung des Energiefelds der Erde hat unmittelbaren Einfluss auf das Energiefeld des Menschen.

So können gerade in dieser besonderen Zeit des Wandels wahre Wunder geschehen, die noch vor einigen Jahren undenkbar erschienen. Wagen wir den Schritt in eine neue Zeit und schenken wir uns den Prozessen der Veränderung hin.

Je mehr wir uns einlassen auf die Zeit des Wandels und voller Vertrauen in den Strudel der Beschleunigung eintauchen, desto reibungsloser und geschmeidiger kann die Transformation erfolgen. Bereite dich auf das goldene Zeitalter vor, indem du annimmst, vertraust und dich ganz der göttlichen Führung überlässt. Befreie dich von alten Verhaltensmustern und Denkstrukturen, die der Vergangenheit angehören.

Im Wandel der Zeit

Im Wandel der Zeit scheint alles vergänglich und
Loslassen tut dir noch immer so weh?

Im Wandel der Zeit küsst die Sonne die Sterne -
alles wird eins und heilt sich selbst. Lautlos senkt
sich der Frieden herab und pflanzt sich als Samen in
jedes Herz. So vermag innerer Frieden die Herzen
erhellen und Freude schenken an jedem Tag.
Schenkt euch ein Lächeln, reicht euch die Hand.
Das Wunder naht, ihr seid bereit.

Milliarden Menschen hören den Ton der Liebe und
folgen ihrer wahren Natur. Jeder Mensch und jedes
Wesen ist erschaffen aus der Frequenz von Liebe
und Licht.

Im Wandel der Zeit entfacht ihr ein Feuer der
wahren, bedingungslosen Liebe und flutet mit
ihr jeden Baum, jeden Stein. Die Erde erhellt
sich, erhöht ihre Liebe und tanzt ihren Tanz im
strahlenden Universum göttlicher Liebe.

Sieh und fühle das Wunder geschehen und sei du
selbst die Veränderung auf dieser Welt!

„Das Wunder der Schöpfung geht weiter - die Verwandlung beginnt."

„In turbulenten Zeiten erwacht der Glaube an eine neue Welt."

„Im Wandel der Zeit entdecken wir uns neu. Staune, strahle und fühle die Verbindung mit Mutter Erde."

Lichtwesen Mensch

Sieh dich von nun an als wichtigen wahren Teil einer wunderbaren Schöpfung, die gerade ihr Kleid und ihr Wesen vergoldet. Vergolde auch du dein ganzes Wesen, indem du zu dem strahlenden Lichtwesen wirst, das du in Wirklichkeit bist! Entdecke den Rohdiamanten in dir, der sich nun in seiner reinsten Schönheit offenbaren möchte. Indem du ihn sanft bearbeitest und polierst, können alle positiven Qualitäten noch mehr zur Entfaltung kommen.

Gib der großen Verwandlung in dir Raum und sei überrascht und überwältigt von dem großartigen Ergebnis, das dir offenbart werden wird.

Glaub an die Liebe, glaub an das Licht, das sich unendlich weit ausdehnen wird in jeder Zelle deines Seins. Es erhellt deinen Körper, es erhellt deines Geist und verbindet dich mit allen Wesen auf dieser Erde. Jede Zelle hat das Potential, sich tagtäglich zu erneuern und zu regenerieren, wenn sie von genug Licht und Liebe gespeist wird.

Verfall und Vergänglichkeit gehören der Vergangenheit an, wenn es gelingt, täglich neue Energie aufzunehmen und in alle Zellen zu strahlen. Allein die Vorstellungskraft kann viel dazu beitragen.

Denn wir sind reinste Lichtwesen mit unterschiedlichen Energiefeldern und Schwingungsfrequenzen. Alle feinstofflichen Körper nehmen unmittelbar Einfluss auf unser Wohlbefinden und unseren Gesundheitszustand. Gelingt es uns, alle Ebenen unseres Seins zu durchlichten und mit reinster Liebe zu versorgen, befinden wir uns in einem Zustand höchster Schwingung und vollkommenem Glück. Beste Gesundheit auf körperlicher, seelischer und geistiger Ebene wird sich von(m) Selbst einstellen, Leichtigkeit und Freude uns stetig begleiten.

Angeschlossen an Himmel und Erde fühlen wir uns eins mit allem Leben und können ganz im Augenblick sein.

Das bewusste Leben im Hier und Jetzt ermöglicht jedem eine wachsende Präsenz, die andere Menschen als äußerst kraftvolle, magische Ausstrahlung wahrnehmen werden. Eine lichtvolle Aura wird umso stärker wachsen, je mehr wir uns unserer wahren göttlichen Macht bewusst werden.

Eine Macht der Liebe, der Reinheit und der Wahrhaftigkeit, die nichts mit den Machtspielen dieser Welt zu tun hat, die es in der Vergangenheit gab. Hier geht es um "Eigenermächtigung", um das Annehmen der eigenen Macht in seinem Leben. Diese Erkenntnis geht mit der kompletten Annahme der Selbst-Verantwortung einher.

Jeder Mensch trägt die alleinige Verantwortung für sein Leben. Er selbst ist es, der durch seine Gedanken, Worte, Gefühle und Handlungen die Realität bestimmt. Nichts und niemand ist Schuld an der jeweiligen Lebenssituation und nichts und niemand in der Lage etwas daran zu ändern, außer er selbst. Durch die Veränderung alter Denk- und Verhaltensmuster senden wir neue Resonanzfelder aus, die unmittelbar eine Umstrukturierung auf feinstofflichen Ebenen erzeugen. Dies führt zu neuen Synapsenverbindungen im Gehirn, neuen Verschaltungen von energetischen Verknüpfungen und einer Neuausrichtung der Realität. Auch wenn diese Veränderungen im Feinstofflichen bereits in Millisekunden erfolgen, so geschieht die Verwandlung auf physischer Ebene deutlich langsamer. Dies birgt die Gefahr, dass wir in der Zwischenzeit das Vertrauen verlieren und nicht an die Veränderung glauben, da sie noch nicht sichtbar ist.

Doch wenn wir fest daran glauben, dass jedes Samenkorn wachsen und gedeihen wird, können wir die wundervollsten Dinge ernten. Muße, Geduld und Zuversicht sind wichtige Dünger, mit denen wir das Wachstum sinnvoll unterstützen können.

Meditation zum Auftanken

Such dir einen gemütlichen Platz und mach es dir bequem. Stell dir vor und fühle, wie deine Füße über goldene Wurzeln mit der Erde verbunden sind. Über diese Wurzeln bist du angeschlossen an die Urquelle des Lebens und allen Seins. Hier kannst du reinstes, goldenes Licht aufnehmen, das die höchste energetische Reinheit besitzt und deinen Körper mit allem versorgt, was er braucht, um kraftvoll und energiegeladen alle Funktionen bestmöglich aufrecht zu erhalten.

Das Wasser des Lebens sprudelt nun über die goldenen Wurzeln hinauf und fließt über deine Fußsohlen in deinen Körper hinein. Es erfüllt deine Füße und strömt hinauf in deine Waden, Kniekehlen und Oberschenkel, um all deine Zellen der Beine mit neuer Energie und Lebendigkeit zu versorgen. Immer neues Quellwasser fließt nach und erreicht über die Füße und Beine nun auch das Becken und das Gesäß.

Lass dein Becken zum Auffangbecken werden für das reinste Wasser der Liebe, Kraft und Lebendigkeit. Alle Organe deines Unterleibes werden geflutet und ernährt von diesem wunderbaren Quellwasser.

Immer weiter breitet sich dieser wohlige Strom in dir aus, erfüllt nun deinen gesamten Bauchraum und nährt alle inneren Organe mit allem was sie brauchen, um mit Freude und Hingabe ihre Funktion durchzuführen.

Jede Zelle wird durchspült vom Wasser des Lebens und erinnert sich an ihre wahre Schönheit und Herrlichkeit. So leuchten alle Organe des Bauchraums in goldenem Licht und pulsieren voller Energie und Strahlkraft.

Die goldene Flut ergießt sich nun auch in deinen Brustkorb und erfüllt Lunge und Herz mit reinster göttlicher Liebe. Fühle die Wärme und Weite, die sich ausbreitet. Dein Brustraum wird zu einem strahlenden Lichtraum voller Kraft und Schönheit, der sich ausdehnt und in lebendigem Austausch mit der Umwelt steht.

Lass dein Herz weit werden und sieh, wie dein ganzer Herzraum mit reinstem Licht erfüllt ist. Jede Zelle deines Herzens atmet auf und erinnert sich an seinen Auftrag tiefster Liebe und Hingabe.

Ein Herz voller Liebe pulsiert in deiner Brust und schenkt dir Frieden und Sicherheit in Zeiten der Dunkelheit. Die Liebe deines Herzens ist der größte Schatz in deinem Leben.

Fühle noch einmal die Verbindung zu ihm. Lausche nun in deine Lunge hinein. Sieh, wie beide Lungenflügel in goldenem Licht erstrahlen, durchflutet vom reinsten Wasser der Urquelle allen Seins. Alle Lungenbläschen sehen aus wie Lichtblasen, die ihre Aufgabe der Atemvorgänge voller Freude umsetzen. Atme einige Male tief ein uns aus und danke deiner Lunge für ihre wunderbare Arbeit.

Auch die Rückseite deines Körpers füllt sich mit dem Quellwasser der Liebe. Die Energie sprudelt über die Fußsohlen und die Beine über das Becken bis in den Rücken hinauf und durchspült die einzelnen Wirbel und die dazwischenliegenden Bandscheiben mit reinstem Licht. Sieh, wie deine Wirbelsäule zu einer strahlenden Lichtsäule wird, deren Wärme und Licht den gesamten Rücken erfüllt.

Das Wasser des Lebens fließt nun weiter nach oben in den Nacken und in den Kopf hinein. Dein Kopf füllt sich mit wohltuendem Licht, das deine Gedanken erhellt und jede Zelle erreicht.

Wie eine Lichtkugel thront dein Kopf auf deinem Körper und verbindet dich über das Kronenchakra mit dem Himmel und der Kraft des Universums.

So bist du angeschlossen an Himmel und Erde, gut versorgt mit unendlich viel Liebe und Kraft aus der Erde und den höheren Ebenen deiner feinstofflichen Körper.

Wann immer du diese Anbindung suchst, kannst du deinen Körper aufladen wie eine Batterie. Je mehr es dir gelingt, diese Verbindung aufrecht zu erhalten, desto vitaler und kraftvoller kannst du dein Tagewerk vollbringen und als Lichtarbeiter oder Krieger des Lichts deine Bestimmung erkennen und zur Vollendung bringen.

Wir alle sind Kinder des Lichtes, auf dem Weg zu erwachen und die frohe Botschaft zu verkünden. Spüre deine Strahlkraft, die deinen Körper jetzt erfüllt und jede Zelle an seine heilige Aufgabe erinnert.

Sende dieses kraftvolle Licht nun hinaus in die ganze Welt, in das Herz der Menschheit. Mögen alle Wesen glücklich und gesegnet sein, Amen.

In dieser wunderbaren Stimmung nimm noch ein paar tiefe, bewusste Atemzüge und komm dann langsam wieder in deinem Raum an. Bewege deine Hände und Füße, reck und streck dich zu allen Seiten und öffne dann ganz langsam deine Augen.

Die Energie folgt der Aufmerksamkeit

Alles ist Schwingung, alles ist Energie, das hat inzwischen auch die Wissenschaft erkannt. So ist ja bereits bekannt, dass alle Gegenstände, Pflanzen und Naturphänomene auf der Erde aus kleinsten, schwingenden Molekülen und Atomen bestehen, die miteinander kommunizieren. Dieser Austausch findet in Lichtgeschwindigkeit statt und beinhaltet eine Wechselwirkung auf vielschichtigen Ebenen.

So schnell wie ein Gedanke den anderen jagt, ist unsere Aufmerksamkeit mal bei der einen, mal bei der anderen Sache. Dies führt zu einer Zerstreuung des Geistes, bei dem der Fokus schwindet und diffuses, unklares Denken die Masse der Menschheit begleitet. Jeder Gedanke beinhaltet eine Form von Energie, die sofort und unmittelbar versendet wird und mit großer Sicherheit ihr Ziel erreicht. Je mehr Gedanken in schneller Folge unterschiedliche Inhalte haben, desto mehr unterschiedliche Ziele werden von der jeweiligen Energie des Gedankens erreicht. Dies führt zu einer Zerstreuung und regelrechter Verschwendung von Energie unterschiedlicher Qualitäten. Statt sich kraftvoll sammeln und vermehren zu können, verpufft die Energie und verteilt sich in die verschiedenen Richtungen.

Im Alltag der meisten Menschen laufen die Denkprozesse zum Großteil unbewusst ab und viele der immer wiederkehrenden Denkschleifen haben denselben Inhalt. In diesem Fall sind es nicht wir, die denken, sondern wir werden quasi gedacht. "Es denkt in uns", ohne dass wir uns dessen bewusst sind. Oft sind es diffuse unklare Gedanken und Sorgen, die uns im Kopf herumschwirren und unseren Alltag bestimmen. Dass es gerade diese vielleicht auch ungünstigen Gedankenmuster sind, die eine Realität erschaffen, in denen Sorgen zum Alltag gehören, ist uns indes meist nicht bewusst. Wenn wir begreifen, dass unser schöpferischer Geist den Auftrag hat, unser Denken im besten Sinne zu beeinflussen, um als geistiges, schöpferisches Wesen auf dieser Erde zu weilen, können wir ab sofort zum bewussten Denker und Schöpfer werden. Wir nutzen dann unseren Denkapparat, um unser Denken bewusst zu steuern und auf die richtige Frequenz einzustellen. So wie ein Radio den Lieblingssender nur dann klar und störungsfrei abspielt, wenn wir die richtige Frequenz gewählt haben, funktioniert unser "Denkapparat" ebenfalls erst dann ideal, wenn wir die Einstellung optimieren.

Der Fokus auf einen bestimmten Gedanken oder auf eine konkrete Sache bringt Schwung in die Angelegenheit, da auf einmal die gesamte Energie und Aufmerksamkeit darauf liegt. Wie von Zauberhand lösen sich plötzlich Probleme oder tiefe Erkenntnisse entstehen. Oft fragt man sich dann, warum man nicht schon eher auf die Lösung gekommen ist. Ein klarer Geist und der bewusste Einsatz des Denkapparates sind also wichtige Voraussetzungen für die Entwicklung des uns innewohnenden Schöpferpotentials. Doch nicht nur Gedanken bestehen aus Energie, auch Gefühle erzeugen Energiefelder unterschiedlicher Qualität. Hier können wir uns fragen: "Bin ich der Herr meiner Gefühle oder werde ich regelmäßig von ihnen übermannt?"

Gefühle sind die Botschafter der Seele und zeigen uns deutlich, wann wir im Gleichklang leben und wann wir nicht authentisch und klar wir selbst sind. Leben wir unseren wahren Lebenskern, nehmen wir unsere Gefühle wahr und vertrauen unserer Intuition. Über die Gefühle verbinden wir uns ebenfalls mit unserer wahren Schöpferkraft, denn die Gefühle sind ein wesentlicher Baustein des inneren, schöpferischen Gestaltungsprozesses. Allein der Gedanke vermag die Welt nicht aus den Angeln zu heben, doch in Verbindung mit dem entsprechenden Gefühl wird Unmögliches möglich und Unfassbares Realität. Der mit Gefühl durchtränkte Gedanke hat die Macht unsere eigene Wirklichkeit zu kreieren. Die Zitate: "Was du fühlst, das erzeugst du" und "Stell dir deine Vorstellung vor, und deine Vorstellung wird Wirklichkeit", verdeutlichen dies.

So sind wir jeden Tag in der Lage, durch unsere Aufmerksamkeit und die bewusste Ausrichtung der Gedanken und Gefühle Einfluss auf das Leben zu nehmen. Statt im Alltag ein unbewusstes Dasein hinzunehmen, können wir selber aktiv werden und jeden Tag neu entscheiden, worauf wir unsere Aufmerksamkeit richten. Möge die Liebe unseres Herzens ein guter Kompass sein und Vertrauen und Zuversicht uns begleiten.

Mit Affirmationen die Zukunft gestalten

Affirmationen sind Kraftsätze mit enormer Wirkung, die auf wunderbare Weise bewusstes Denken und Fühlen verbinden. Sie richten den Fokus auf ein besonderes Ziel oder einen Zustand und ermöglichen durch die Klarheit der Ausrichtung eine Prägung auf die konkrete Gestaltung unserer Zukunft. Worte sind Schwingungen und wirken sich auf unmittelbare Weise auf jede Zelle unseres Körpers aus. Sie wirken ebenso auf unsere energetischen Körper und beeinflussen damit das Schwingungsfeld und unsere Ausstrahlung.

Aufgrund des Resonanzgesetzes ziehen wir die Ereignisse der Aussagen kraftvoll und wirksam in unser Leben. Entscheidend für die Wirksamkeit von Affirmationen ist das Fühlen des bereits erfüllten Zustands der Aussage. Ein bloßes Aufsagen der Kraftsätze ist nicht sinnvoll, da in diesem Fall nur die Verstandes- und Willensebene aktiviert wird.

Der Verstand allein vermag keine Wunder zu vollbringen. Die Kombination von Geist und Gefühl ist der Schlüssel zum Erfolg. Je stärker ich durchdrungen bin von der Schwingung der Affirmation und je mehr Dankbarkeit ich für die bereits erfüllte Realität empfinde, desto wirksamer kann sich die Affirmation in meinem Leben entfalten. Liebe und Hingabe sind also von entscheidender Bedeutung. Auch die Regelmäßigkeit der Anwendung spielt eine große Rolle ebenso wie die Kraft der Wiederholung. Sinnvoll ist es dementsprechend, sich eine oder zwei Affirmationen herauszusuchen und diese über einen Zeitraum von mehreren Wochen regelmäßig zu wiederholen.

Eine schöne Möglichkeit ist es, Affirmationen beim Spazierengehen in der Natur laut zu sprechen. In dieser Atmosphäre ist die Gesamtstimmung ideal, um neue Resonanzfelder zu erzeugen. Aber auch im Alltag lassen sich Affirmationen sinnvoll anwenden. Im Folgenden findest du einige Vorschläge für Affirmationen, die dich auf dem Weg deiner Transformation unterstützen können.

„Ich bin erfüllt von der Kraft lichtvoller Energie.“

„Die Liebe meines Seins leitet mich in meinem Leben.“

„Ich lebe die wunderbare Magie
meines Herzens.
Ich bin angeschlossen an die
Urquelle allen Seins."

„Dankbar und glücklich
nehme ich die Geschenke des
Lebens an."

„Freude und Leichtigkeit erfüllen
mein Herz und mein gesamtes
Leben."

„Tiefe Liebe und tiefe
Dankbarkeit breiten sich in mir
aus. Liebe und Dankbarkeit
erfüllen mein ganzes Sein."

„Ich liebe das Leben und
lebe in Liebe.
Ich bin der Schöpfer meines
Lebens und erschaffe meine
Wirklichkeit."

„Mein ganzer Körper ist gefüllt mit neuer Kraft. Jede Ursache einer Störung verschwindet jetzt. Ich spüre und erlebe, dass ich nun auf dem Wege der Heilung bin."

Die eigene Schöpferkraft erkennen

Wenn wir unsere Fähigkeit erkannt haben, Schöpfer des eigenen Lebens zu sein, dürfen wir diese in ihrer ganzen Tragweite annehmen. Das bedeutet, dass wir von nun an immer bewusster unser eigenes Verhalten reflektieren. Wann bin ich wieder in alten Mustern gefangen, welche Denkgewohnheiten laufen einfach automatisch ab? Falle ich in die Opferrolle und gebe anderen die Verantwortung für meine Situation? Versuche ich andere zu kontrollieren, um mich selber stark und überlegen zu fühlen?

Erkenntnis ist der einzige Schlüssel, der zu Verwandlung und Veredelung führt. Mit ihm können wir uns Zugang zu neuen Dimensionen verschaffen. Wo wir bislang vor verschlossenen Türen standen und uns immer wieder nur in denselben Verhaltensräumen aufgehalten haben, können wir nun einen inneren und äußeren Wandel vollziehen, der uns aus dem gewohnten Alltagstrott und all seinen eingefahrenen Mustern befreit.

Erschaffen wir in uns die besten Voraussetzungen für ein Leben in Vollkommenheit mit bester Gesundheit, Freude, Leichtigkeit und Liebe. Erfreuen wir uns an dem Geschenk, hier und jetzt auf der Erde zu weilen und unserem göttlichen Plan zu folgen. Setzen wir alle Pläne um, von denen wir schon als Kind geträumt haben und glauben wir an die Wunder, die unsere Seele uns zuflüstert. Halten wir alles für möglich und arbeiten wir fokussiert und bewusst an unseren Zielen. Durch den vollen Einsatz der entsprechenden Gedanken und Gefühle setzen wir große Visionen ins Energiefeld der Erde, die schon bald Wirklichkeit werden, wenn wir vertrauen und den Glauben nicht verlieren. Und wenn Hindernisse auftauchen oder Lebensereignisse uns herausfordern, ist immer entscheidend, wie wir diese Krisen meistern.

Das Leben hält viele Aufgaben und Lernprozesse für uns parat, an denen wir wachsen und reifen dürfen. Je geschmeidiger wir bleiben, uns den Herausforderungen stellen und Dinge annehmen lernen, desto besser werden wir auch schwierige Lebenssituationen meistern.

Wir sind hier auf dieser Erde, um vielfältige Erfahrungen zu machen und Verstrickungen und Aufgaben aus allen Leben zu lösen. Diese Prozesse brauchen Zeit und Geduld. In akuten Phasen ist auch hier viel Aufmerksamkeit gefragt, um den entsprechenden Raum zur Verarbeitung zu geben. Nutzen wir die Fähigkeit der Reflektion und Innenschau und wenden wir den Blick nicht ab, wenn es unangenehm ist, was wir sehen oder fühlen. Alles kommt zu seiner Zeit und wartet auf Erlösung, wenn wir bereit dafür sind und unsere Seele einverstanden ist.

Tiefgreifende Prozesse finden statt in dieser Zeit der großen Transformation. Lassen wir sie zu und geben wir uns hin. Jeglichen Widerstand aufgeben ist der sinnvollste Weg zum Ziel.

Denn Widerstand leisten kostet wertvolle Energie und hält uns gefangen in uns selbst.

Selbsterkenntnis statt Selbstbetrug heißt es darum in diesen Zeiten der globalen Veränderung, in denen alles zum Vorschein kommt, was nicht der höchsten Schwingung entspricht. Trau dich, alles auf den Prüfstand zu stellen, was auch nicht mehr deiner inneren Wahrheit entspricht. Hinterfrage kritisch, was sich nicht stimmig anfühlt und dein Herz eng werden lässt. Lebe deine eigene Wahrheit, authentisch und klar, und verbiege dich nicht mehr, um anderen zu gefallen. Du bist nicht abhängig von der Liebe und Anerkennung anderer.

Schenke dir selber die Liebe, Zuneigung und Geborgenheit und schöpfe daraus innere Kraft und Stärke. Verbinde dich mit Himmel und Erde und bleibe angebunden an die universelle Lebensenergie. Sie ist die wahre Quelle deiner Energie, nach der du dürstest. Kein Mensch und keine Anerkennung im Außen kann dir diese Kraftquelle sein.

So trachte nach innen, wecke deine Lebensgeister und gestalte dein Leben mit einem wachen, lebendigen Geist.

Die Kraft des ICH BIN

Die größte Quelle deiner eigenen Schöpferkraft ist das ICH BIN - Bewusstsein. In diesem bist du verbunden mit deinem hohen Selbst und deinem wahren Wesenskern. Alles, was diesem Bewusstsein entspringt, erschafft einen kraftvollen Schöpfungsprozess, der deiner reinsten Natur entspricht. So verbinde dich mit dieser Kraft und nutze deine großartigen Möglichkeiten, zum Schöpfer deines Lebens zu werden. Erschaffe dir deine eigene Realität und verwirkliche all deine Träume. Ganz nach dem Motto "Träume nicht dein Leben, sondern lebe deine Träume" kannst du bewusst Einfluss nehmen und deine Wirklichkeit neu gestalten. Halte alles für möglich und begrenze dich nicht mehr. Folge der Sehnsucht deines Herzens, lass alte Prägungen und Programme los und mach dich auf in ein neues Leben voller Liebe, Leichtigkeit und Freude.

Sieh dein Leben wie ein Spiel, gestalte es mit Neugier, Spaß und Entdeckergeist. Überrasche dich selbst und erfinde dich neu. Lass all deine Verbissenheit und allen Perfektionismus abfallen - du musst nichts mehr leisten, nichts mehr schaffen, du bist bereits angekommen. Im ICH BIN - Bewusstsein ist alles perfekt und vollkommen. Nimm diesen Zustand an und schwelge in dem Gefühl der Glückseligkeit. Verbinde dich mit jedem Atemzug mit deinem wahren Selbst, erkenne deine wirkliche Größe und (er)lebe dich vollkommen neu.

Atemübung zum ICH BIN

Der Atem hilft auf wundersame Weise, dich mit dem Zustand des ICH BIN zu verbinden. Setz dich bequem auf einen Stuhl oder ein Kissen und schließ deine Augen. Nimm dir einen Augenblick, um ganz im Hier und Jetzt anzukommen.

Beobachte nun deinen Atem, der ganz von selbst ein und ausströmt. Nimm wahr, ob du die Bewegung deines Atems im Brustkorb spürst oder ob die Welle des Atems auch deinen Bauch erreicht. Erzwinge nichts, sei nur der Beobachter ohne zu bewerten. Alles ist gut, so wie es ist.

Verbinde dich nun mit jedem Einatmen in deiner Vorstellung mit dem Himmel, indem du dich auf deine Schädeldecke und dein Kronenchakra konzentrierst. Spüre mit jedem Ausatmen in die Verbindung zur Erde hinein, lass das Kreuzbein sinken und verwurzele dich mit den Füßen in der Erde. Atme eine Weile in dieser Anbindung an Himmel und Erde und spüre die Verbundenheit.

Bleibe ganz in deiner Wahrnehmung des Atems und füge nun beim Einatmen das Wort ICH und beim Ausatmen das Wort BIN hinzu. Sage diese

Worte einfach im Geiste oder sprich sie aus, wenn dir danach ist. Nimm wahr, was sich verändert und genieße deine wachsende Präsenz.
Erlebe mehr und mehr deinen wahren Zustand des ICH BIN-Bewusstseins und verweile einige Zeit in dieser Atemübung.

Beende die Übung nach eigenem Ermessen und lausche im Anschluss mit geschlossenen Augen noch einmal nach, was sich ereignet hat im Körper, im Geist und in deiner Seele. Nimm anschließend einige tiefe Atemzüge und öffne dann langsam deine Augen.

Diese Atemübung lässt sich in verkürzter Form auch wunderbar im Alltag einsetzen. Ob im Fahrstuhl, an der Bushaltestelle, im Zug oder in der Warteschlange, es gibt viele Situationen, in der wir diese Übung einbinden können.

Nimm deine wahre Größe an!

Erkennst du schon die wahre Größe deiner Seele, die sich hier auf der Erde erfahren möchte? Bist du dir bewusst, wie einzigartig, wunderbar und gesegnet du bist? Schätzt du deine Fähigkeiten, Talente und Eigenschaften? Liebst du deinen Körper in all seinen Ausdrucksformen?

Was empfindest du wirklich, was sind deine Antworten? Viele von uns plagen sich mit Selbstzweifeln, fühlen sich minderwertig, unscheinbar, ungenügend und klein. Ursachen dafür gibt es vielfältige. Prägungen aus der Kindheit und vergangenen Inkarnationen halten uns ab, die wahre Größe unseres wahren Seins zu erkennen. Und wenn wir sie nicht erkennen, können wir sie auch nicht annehmen, geschweige denn leben.

So begib dich auf den Weg der Erkenntnis und akzeptiere dich als vollkommenen Ausdruck der Schöpfung. Du wurdest erschaffen aus Liebe. Du bist das Wunder der Welt. Du bist der perfekte Ausdruck reinster Liebe und Vollkommenheit. Deine Seele hat unzählige Erfahrungen gesammelt, um sich JETZT in ihrer Schönheit zu zeigen. Wirf alle Zweifel über Bord und erkenne deinen eigenen Wesenskern. Nimm deine wahre Größe an und steh endlich zu dir auf allen Ebenen deines Seins. Sei dir deiner Selbst bewusst und lebe dich authentisch in deiner vollen Kraft und Ausdrucksform.

Vision deines wahren Selbstes

Schließ deine Augen und atme einige Male tief ein und aus. Erinnere dich an eine angenehme Situation, in der du dich glücklich und frei gefühlt hast. Tauche ein in die Bilder und Gefühle der Vergangenheit und bade dich darin.

Nun stell dir eine Situation deiner Kindheit vor, in der du unbeschwert, ausgelassen und fröhlich warst. In welcher Umgebung bist du? Was hast du gemacht? Wer war bei dir? Verweile auch in dieser Erinnerung noch etwas und genieße das positive Lebensgefühl.

Und nun lass deinen Kopf ganz leer werden, beobachte nur das Ein- und Ausströmen deines Atems. Flute deinen Körper mit neuem Sauerstoff, neuer Energie und spüre, wie über den Atem Vitalität und Lebensfreude in jede Zelle gespült wird. Alle Körperbereiche werden von diesem lebendigen Strom erfüllt.

Spüre, wie sich dein Körper nun anfühlt. Ist er wacher, präsenter und lebendiger geworden? Kannst du Vitalität und Lebensfreude spüren? Verbinde diese Wahrnehmung mit dem Gefühl der Dankbarkeit, diesen wundervollen Körper zur

Verfügung zu haben.
Empfinde diese Dankbarkeit tief in deinem Herzen.
Schicke die Dankbarkeit in alle Zellen deines
Körpers, die dich seit so vielen Jahren unterstützen.

Stell dir vor und fühle, wie die Zellen freudig auf
deine Botschaft reagieren. Sie tanzen, sie jubilieren
und erstrahlen in vollkommener Schönheit.

Diese glückliche, fröhliche Stimmung überträgt
sich auch auf dich und du genießt die bewusste
Verbindung mit deinem ganzen Sein. Körper, Geist
und Seele schwingen gemeinsam in Freude und
Glückseligkeit. Dies ist der Zustand deines wahren
Lebensplans.

Genieße diese Präsenz, diese Kraft und die
Zuversicht, die sich mehr und mehr in dir
ausbreitet. Vielleicht entstehen auch neue Bilder
und Visionen, die du nun betrachten kannst, in
denen du in diesem Glückszustand weilst. Bleib
ganz offen in deinem Herzen und lass dich von den
Botschaften deiner Seele überraschen...

Und dann kehre langsam wieder zurück ins Hier
und Jetzt, atme tief durch und bewege deinen
Körper von Kopf bis Fuß. Wenn du soweit bist,
öffne langsam deine Augen.

Manchmal tauchen sehr eindrucksvolle, überraschende Bilder auf. Schreibe bei Bedarf deine Erlebnisse auf. Vielleicht geben sie dir Impulse für deine Weiterentwicklung. Sollten keine Bilder oder Visionen aufgetaucht sein, nimm es einfach an und bewerte es nicht.

Raum für deine Notizen

„Deine Seele schickt dir zum richtigen Zeitpunkt Impulse, dessen sei gewiss."

„Entdecke dein wahres Selbst, es ist der größte Schatz in deinem Leben."

Entfaltung des eigenen Potentials

Das Leben bietet unendlich viele Chancen und Möglichkeiten, das eigene Potential zu entdecken und zu entfalten. Wie ein verborgener Schatz wartet es darauf, von uns entdeckt zu werden. Nicht selten sind wir überrascht und überwältigt, was dort alles zum Vorschein kommt, wenn wir die Schatztruhe unseres Lebens öffnen. Welche unterschiedlichen Schätze offenbaren sich, wenn wir bereit sind, hinzuschauen und sie voll und ganz als unsere eigenen innewohnenden Gaben, Fähigkeiten und besonderen Qualitäten anzuerkennen.

Diese prall gefüllte Schatzkiste beinhaltet so viel, dass wir beim genauen Hinsehen immer wieder neue Inhalte erkennen können. Und selbst wenn wir die zu oberst liegenden Schätze schon zu kennen scheinen, lohnt es sich, sie noch genauer anzuschauen und zu betrachten. Nehmen wir diese Dinge heraus, können wir den Blick auf die darunter befindlichen Schätze werfen. Hier finden sich meist die verborgenen Gaben und Talente, dessen wir uns bislang noch nicht bewusst waren.

Voller Staunen, Hingabe und Freude können wir auf diese Weise alle Geschenke betrachten und tief in uns aufnehmen. Hier haben wir schon immer gespürt, dass mehr in uns steckt, doch der zweifelnde Verstand hat den Glauben daran oft besiegt. Verwandeln wir unser Herz wieder in den Resonanzkörper der innewohnenden absoluten Wahrheit. Erleben wir, wie sich unser Herz erinnert an all die Fähigkeiten, Gaben und Talente, die tief in uns schlummern und in der Schatzkiste unseres wahren Seins darauf warten, endlich erkannt und angewendet zu werden.

In jedem von uns steckt so viel Wissen, so viel Wahrheit, eine ganze Klaviatur an Fähigkeiten, die uns jetzt und hier voll und ganz zur Verfügung steht. Nutzen wir die Gunst der Stunde, die Magie des Augenblicks und wenden wir die Geschenke unserer eigenen Schatztruhe an, um unser wahres Selbst zum Vorschein zu bringen.

Das Entdecken neuer Aspekte und Fähigkeiten sollte jedoch spielerisch und mit viel Leichtigkeit geschehen. Je offener wir sind, desto mehr halten wir selber für möglich und lassen alle Beschränkungen und Zweifel los.

Schenke dich also ganz dem Prozess der Veränderung hin, definiere dich neu und komm raus aus deiner Komfortzone. Du bist mehr als du glaubst, du bist grenzenlos und frei in deinem Schöpfertum und deiner innewohnenden Kraft der Veränderung.

Die Zeit ist reif, dich neu zu entdecken und zu erfahren. Sprenge die Fesseln deiner eigenen Begrenzungen und halte einfach alles für möglich! Als reines Lichtwesen wandelst du auf dieser Erde, um dich auszuprobieren, zu erfahren, zu verwandeln und zu veredeln. Lebendig sein heißt wandelbar sein, denn Leben ist Veränderung und erlaubt keinen Stillstand.

So streife deine alten Kleider ab der Ängste, Sorgen und Zweifel und lass deinen wahren Wesenskern erstrahlen. Nutze all deine wunderbaren Gaben, um dich als vollkommenes Wesen und Kind des Lichtes selbst zu erfahren. Sei dir deiner Selbst mehr und mehr bewusst und lebe im Einklang mit deiner wahren Schöpfernatur.

Die folgende Übung soll helfen, dich von alten, begrenzenden Glaubensmustern, Ängsten und Zweifeln zu befreien, die dich an dem Erkennen und Annehmen deines wahren Potentials behindern.

Reinigende Lichtsäule

Nimm dir nun Zeit für dich selbst und schließe deine Augen. Visualisiere eine wunderschöne, sonnige Waldlichtung, auf der du dich wohl und sicher fühlst. Hier spürst du Geborgenheit, die sich nun in dir ausbreitet und dir ein tiefes Wohlgefühl vermittelt. Atme bewusst ein und aus und bade dich in dieser wohligen Atmosphäre.

Sieh nun, wie eine große, breite Lichtsäule vor dir entsteht, die in schillernden Farben leuchtet. Sie besteht aus blauem, violetten, rosafarbenen und goldenen Licht und erstreckt sich vom Himmel bis zur Erde. Diese Lichtsäule zieht dich ganz in ihren Bann, du kannst den Blick einfach nicht abwenden, so sehr bist du von der Schönheit und Reinheit beeindruckt.

Du gehst auf die Lichtsäule zu und berührst sie nun mit deinen Händen. Sie lädt dich ein, einzutreten, und du bist jetzt bereit, dieser Einladung zu folgen.

Mit einem großen Schritt gelangst du in das Innere dieser Lichtsäule und befindest dich jetzt im Zentrum ihrer Energie. Hier hast du nun die Möglichkeit, deine feinstofflichen Körper zu reinigen und alles abspülen zu lassen, was deiner Potentialentfaltung bisher im Wege stand.

Bitte nun das violette Licht, durch deinen Körper zu strömen und alles hinfortzuspülen, was deine innere Strahlkraft behindert. Erlebe, wie sich alte Verkrustungen lösen, wie alter Schmutz abfällt und dein wahres Ich mehr und mehr zum Vorschein kommt. Die violette Flamme der Reinigung durchströmt alle Ebenen deines Seins, entfernt Zweifel und Mißgunst, Widerstand und Kampf, Ohnmacht und Lähmung. Sie befreit dich von inneren Blockaden, von Selbstbetrug und Selbstverachtung und dem tiefen Schmerz der Jahrtausende.

Sie durchflutet jeden Winkel deines Seins mit der Schwingung der Reinigung und Auflösung von niederen Strahlungsfrequenzen.
Genieße dieses Bad im violetten Licht und schenke dich ganz dem Augenblick hin.

Sieh, wie dein Körper nun abgewaschen ist von alter Energie. Dein goldener Lichtkörper wird sichtbar und erstrahlt in seiner vollkommensten Schönheit und Reinheit, Kraft und Vitalität, Klarheit und Lebendigkeit.

Du erkennst dich als wunderbare Schöpfung der Natur und wirst dir deines kraftvollen Potentials bewusst. In dieser Stimmung atme noch einmal tief durch, bewege dich zu allen Seiten und öffne dann ganz langsam deine Augen.

Alles steckt in dir und darf nun gelebt und entfaltet werden, wenn du bereit dafür bist. Sei dir selbst dein bester Freund oder deine beste Freundin und sprich dir Mut zu, diesen Weg der Entfaltung zu gehen. Bestärke dich in deinem Vorhaben, neue Schritte zu gehen und nun zu dem zu werden, der du in Wahrheit bist. Zeige dich authentisch und klar, steh zu deinen Gefühlen, deiner inneren Wahrheit und habe den Mut und die Bereitschaft, andere damit zu konfrontieren.

Sei der Held in deiner Lebensgeschichte, die Hauptperson in deinem Lebensalltag und überrasche dich selbst mit deiner grandiosen Verwandlung. Lerne dich selbst immer besser kennen und lieben, schenke dir Kraft, Liebe und Zuversicht. Lobe dich für kleine und große Schritte, kleine und große Erfolge und geh gelassen mit vermeintlichen Rückschritten um. Manche Veränderung braucht Zeit, manche Veränderung tut weh und manche Veränderung geschieht so plötzlich, dass es einem den Atem raubt.

Schau in die Natur. Im Frühling explodiert die Pflanzenwelt zu neuem Leben, eine Knospe bricht auf und zeigt ihre volle Blüte. Manche Blumen entfalten ein Blatt nach dem anderen, manche springen ganz plötzlich auf und sind gleich präsent im Hier und Jetzt. So wie jede Blume ihre eigene Art der Entfaltung zeigt, so sind auch wir Menschen unterschiedlich in der Art und Weise unserer Potentialentfaltung.

Nimm dein inneres Kind mit auf die Reise

In jedem von uns steckt ein inneres Kind, zu dem wir bewusst Verbindung aufnehmen können. Es hat alle Erfahrungen dieses Lebens gespeichert, erinnert sich an jeden Schmerz, große und kleine Verletzungen, aber natürlich auch an die großen und kleinen Freuden im Leben.

Dieses kleine Mädchen oder dieser kleine Junge in uns darf in dem Prozess der Persönlichkeitsentfaltung nicht ausgeschlossen werden, schließlich bildet es den Kern unserer Person hier auf Erden, ist also ein wichtiger Teil unserer Identität.

So nimm dir regelmäßig Zeit für dein inneres Kind, das sich nach Liebe und Aufmerksamkeit von dir sehnt. Schenke ihm deine volle Präsenz, höre ihm mit offenem Herzen zu und verbinde dich mit ihm, wann immer du den Impuls dazu verspürst.

Erinnere dich an Kindheitstage voller Leichtigkeit, Geborgenheit und Lebensfreude. Welche Dinge hast du gerne gemacht, womit hast du dich beschäftigt und was hat dein Herz in Begeisterung versetzt? Viele unserer Gaben und Veranlagungen haben wir als Kind spielerisch bereits ausprobiert, doch allzu oft sind diese Dinge in Vergessenheit geraten. Aber was spricht dagegen, sich wieder einmal mit den Tätigkeiten von damals zu beschäftigen? Folge deinem Herzen und schenke deiner Sehnsucht Raum. Ob Malen, Musizieren, Töpfern oder Schreiben - lass deiner inneren Führung freien Lauf. Überrasche dich selbst und mach dein inneres Kind glücklich, indem du anknüpfst an die Saat der Vergangenheit. Entdecke den Funken der kindlichen Neugier in dir und probiere dich einfach aus.

Manchmal ist das Kind in uns aber auch traurig, verletzt oder verzweifelt und sehnt sich nach Trost, Schutz und Geborgenheit. In diesem Fall hilft es, das Mädchen oder den Jungen innerlich in den Arm zu nehmen, ihm Schutz und Halt zu geben. Wiege es, schaukle es und sing ihm ein Lied vor, das dir spontan in den Sinn kommt.

Tiefe Heilung kann stattfinden, die sich auf allen Ebenen deines Seins widerspiegelt. Erst wenn wir mit uns selbst im Frieden sind und uns von den alten Verletzungen lösen, können wir gemeinsam mit dem inneren Kind in uns zu dem wundervollen Lichtwesen werden und unser volles Potential entfalten.

Reise zum inneren Kind

Such dir einen gemütlichen Platz und leg dich entspannt auf den Rücken oder setz dich bequem hin. Schließ deine Augen und komm ganz im Hier und Jetzt an.

Visualisiere vor deinem inneren Auge ein goldenes Tor, durch das du in dein eigenes Traumland gelangst.

Öffne das Tor und tritt hindurch. Achte darauf, es hinter dir sorgfältig zu schließen. Vor dir liegt eine wunderschöne Landschaft. Schau sie dir in Ruhe an. In der Ferne siehst du kleine Hügel, die dich magisch anziehen. Beschwingt und voller Freude gehst du auf sie zu. Ein großer Felsen zieht dich besonders in den Bann. Als du näher kommst, hast du das tiefe Bedürfnis, dich auf ihn zu setzen. Du kletterst hinauf und setzt dich auf ihn. Von hier aus hast du einen wundervollen Ausblick auf die Landschaft ringsherum. Genieße diesen Anblick in vollen Zügen.

Nach einer Weile spürst du den Wunsch in dir, das Innere dieses Felsens zu erforschen. Du hast das Gefühl, dass dort ein großer Schatz auf dich wartet. Du kletterst herunter und blickst dich um. Wo könnte der Eingang sein? Hinter einem Busch erkennst du nun, dass es hier in das Innere des Felsens geht. Neugierig folgst du deinem Herzen und gelangst in eine große, lichtvolle Höhle, die mit violetten Wänden versehen ist. Als du näherkommst erkennst du, dass es sich um einen riesigen Amethyst handelt, also einen kostbaren Edelstein, der für Umwandlung, Reinigung und Vergebung steht. Plötzlich weißt du, dass dieser Ort der Treffpunkt ist, an dem du dich mit deinem inneren Kind verabredet hast.

Neugierig blickst du dich um, wo es sich gerade aufhält. Vielleicht sitzt es da und wartet auf dich oder es kommt dir schon entgegengelaufen. Nimm wahr, was du siehst und lass es geschehen.

Schau das Kind an, wie wirkt es auf dich? Ist es aufgeschlossen, fröhlich und glücklich dich zu sehen, oder sitzt es mit gesenktem Kopf traurig dort? Bewerte das Bild nicht, sondern geh aufgeschlossen mit liebendem Herzen auf das Kind zu. Nimm Kontakt auf, reich ihm die Hand oder nimm es in den Arm. Und wenn Tränen fließen bei euch beiden, dann lasst es zu.

Vielleicht ist es lange her, dass ihr euch wiedergesehen habt. Und wenn das Kind traurig ist, dann tröste es und schenk ihm deine Liebe und Aufmerksamkeit. Wenn du Enttäuschung spürst, dass du es so lange nicht beachtet hast, dann bitte um Verzeihung und erkläre deine Situation. Schenke deinem inneren Kind in diesem Moment all die Liebe, Geborgenheit und Wärme, die du selber in deiner Kindheit erhalten hast oder dir gewünscht hättest.

Du als erwachsene Seele bist hier und jetzt in der Lage, deinem inneren Kind all das zu sein, was es in diesem Moment braucht, um sich angenommen, verstanden und geliebt zu fühlen. So nimm dir die Zeit, dich einzulassen auf die tiefen Bedürfnisse deines inneren Kindes, das vielleicht viele unverarbeitete Konflikte und Verletzungen in sich trägt. Sichere ihm deine uneingeschränkte Aufmerksamkeit zu, nimm es in den Arm, wiege es, schaukele es oder streichele es. Bleib ganz bei ihm, wach und präsent.

Stellt euch nun beide mit dem Rücken an die schimmernde Wand des violetten Heilsteins und lasst die Energie durch eure Körper fließen. Erlebt die Reinigung der Vergangenheit, die Reinigung alter Verletzungen und Traumata. Ermutige dein inneres Kind sich einzulassen auf die Verwandlung, die nun geschehen darf.

Und wenn es sich für euch beide stimmig anfühlt, dann klettert doch gemeinsam auf den Felsen und lasst die Schönheit der Natur auf euch wirken. Vielleicht habt ihr auch Lust, durch die Natur zu laufen, zu lachen, zu springen oder zu tanzen. Ihr seid nun wieder verbunden in deinem Herzen und könnt gemeinsam das weitere Leben gestalten.

Frag dein inneres Kind, ob es mitkommen möchte, durch das goldene Tor oder ob es dort beim Felsen bleiben möchte. Wie auch immer es entscheidet, du kannst ihm immer nah sein und es besuchen, dessen sei gewiss.

Und so verabschiede dich von der Situation und kehre zurück zu deinem goldenen Tor. Verschließe es sorgfältig hinter dir und komm ganz langsam wieder in diesem Raum an. Bewege deine Hände und Füße, die Arme und Beine und öffne dann langsam deine Augen.

Sand unter den Füßen

Du hast Angst vor Veränderung und deiner wahren Größe und zierst dich vor dem nächsten Schritt? Sieh die Verwandlung doch spielerisch und leicht. Schau, die Wüste verändert sich an jedem Tag. Sie wandelt ihr Aussehen durch Sonne und Sturm, bildet Dünen und Ebenen, formt Sandburgen, Muster und Schattierungen unterschiedlichster Formen.

So geh in dieses Bild der Wüste hinein und spüre jetzt den warmen Sand unter deinen Füßen. Geh einige Schritte und nimm wahr, wie der Sand unter dir verrinnt, nachgibt und seine Form verändert. Voller Geschmeidigkeit passt er sich deinen Schritten an. Fließe mit mit diesem flexiblen Verformen des aktuellen Seins.

Der Sand der Wüste gibt sich nicht auf, auch wenn er seine Form und sein Aussehen ständig verändert. Er passt sich an an die Gegebenheiten und Einflüsse im Äußeren. Lerne auch du, Geschmeidigkeit zu leben, dich flexibel anzupassen an die Herausforderungen und Stürme des Alltags.

Körperreise "Am Sandstrand"

Mach es dir gemütlich und lege dich entspannt auf den Rücken. Schließ deine Augen und genieße es, einfach nur dazuliegen und dir Zeit für dich selbst zu nehmen. Stell dir vor, an einem wundervollen, von der Sonne erwärmten Sandstrand zu liegen, auf dem du dich wohlig niederlassen kannst. Erlebe die angenehme Wärme an der Rückseite deines Körpers und lass dich mit jedem Ausatmen tiefer und tiefer sinken.

Spüre, wie der Sand nachgibt und dein Körper sich wundervoll anschmiegen kann. Du verschmilzt so mit dem Untergrund, fühlst dich getragen, geborgen und behütet von Mutter Erde. Erlebe Geschmeidigkeit und Anpassungsfähigkeit in dir wachsen und fühle, wie wunderbar es ist, sich ganz dem Augenblick hinzuschenken und eins zu sein mit dem Untergrund.

Genieße diesen Zustand und lausche dem Meeresrauschen, dem Möwengeschrei und dem angenehmen, sanften Wind, den du wahrnehmen kannst.

Kehre nun langsam wieder zurück, bewege deinen Körper und öffne dann langsam deine Augen.

Kraftquellen entdecken und nutzen

In die eigene Kraft zu kommen ist so wichtig in dieser Zeit der großen Veränderung. Jeder Mensch kennt seine besonderen Möglichkeiten, Energie zu tanken und neue Kraf aufzunehmen und zu speichern. Die unterschiedlichen Kraftquellen ermöglichen den Zugang zu Energiereserven, die auf Erden unerschöpflich sind. So schöpfe aus dem Vollen, es ist für jeden Menschen Lebenskraft in Hülle und Fülle vorhanden. Lass deinen Körper übersprudeln mit Kraft und Lebendigkeit. Nimm dir die Zeit, den eigenen Akku aufzuladen, dein Körper wird es dir danken und sich stets zuverlässig erneuern und vervollkommnen.

Kraftquelle Natur

Die Mannigfaltigkeit der Natur eröffnet grenzenlose Möglichkeiten, neue Energie in sich aufzunehmen. Jede Landschaft ist einzigartig und vollkommen, jedes Naturelement kraftvoll und stark. Die Fülle der Natur bringt uns in Kontakt mit dem natürlichen Wesen aller Lebensformen auf dieser Erde. Denn Fülle ist der normale Zustand, den die Natur in wundervollster Weise offenbart.

So schwelge in der Natur und nimm die Schönheit und die

Vollkommenheit in dich auf. Fühle das weiche Moos unter deinen Füßen, bewundere die Farbenpracht einer Blumenwiese oder bestaune die besondere Ausstrahlung eines prachtvollen Baumes.

Tiefe Ehrfurcht kann entstehen, wenn wir uns mit der Natur verbinden. Denn nichts ist reiner, vielfältiger und kraftvoller als die Flora und Fauna, die uns umgibt. Je intensiver wir uns einlassen auf eine innige Verbindung mit der Natur, desto mehr können wir von ihr profitieren. Jede Pflanze, jeder Baum ist beseelt und freut sich über deine Zuwendung und Aufmerksamkeit. Im Gegenzug wirst auch du beschenkt und erhältst Energie zurück.

Das Geben und Nehmen ist der natürliche Vorgang, denn so ist göttliche Schöpfung gedacht. Pflanzen, Tiere und Menschen können in völligem Einklang miteinander leben, wenn sie sich als große Familie verstehen.

In dieser Zeit des großen Wandels verspüren viele Menschen eine starke Sehnsucht, viel in der Natur zu sein. Sie wissen intuitiv, dass die Schwingungserhöhung hier deutlich leichter zu vollziehen ist. So lehne dich an einen Baum, sieh ihn als Freund auf deiner aktuellen Entwicklungsreise. Schenke ihm dein Vertrauen und lausche, was er dir mitzuteilen hat. Nimm ihn dir als Vorbild, betrachte seine starken Wurzeln oder stell dich auf sie. Spüre die enorme Kraft, die dir zufließt, wenn du es geschehen lässt. So verbinde dich über deine Fußsohlen mit Mutter Erde. Stehe fest und aufrecht wie ein Baum, den kein Sturm dieser Welt umzureißen vermag. Schau auch nach oben und betrachte das grüne Blätterdach, das sich sanft im Wind bewegt. Hier oben ist der Baum geschmeidig, flexibel, kann sich dem Wind hingeben, ohne das Gleichgewicht zu verlieren. Halte einen Moment inne und verinnerliche diese Qualität auch in dir selbst. Verbinde die Standhaftigkeit mit der Geschmeidigkeit und du bist gut vorbereitet auf die stürmischen Herausforderungen der Transformationszeit.

Und so laufe mit offenem Herzen durch den Wald, über Wiesen und Felder. Bestaune Seen, Bäche, Strände und Berge. Verweile dort, wo es dich hinzieht und verbinde dich mit dem Naturelement, das mit dir in Resonanz geht. Du bist ein Teil der Natur, ein Puzzlestück des großen Ganzen. Finde zu dir, tanke Kraft und kehre so gestärkt in deinen Alltag zurück.

Kraftquelle Wasser

Als Lichtwesen hast du einen wichtigen Informationsträger, der Energie, Sauerstoff und Informationen weiterleitet - das Wasser. Jede Zelle deines Körpers ist jeden Tag darauf angewiesen, ausreichend mit Wasser versorgt zu werden. So ist ein wesentlicher Aspekt eines vitalen, kraftvollen Körpers die Aufnahme von hochwertigem Wasser. Wasser als Ursprung allen Lebens bringt ein neues Wohlgefühl in deinen Körper, wenn du ihm viel davon zukommen lässt. Gewöhne es dir an, gleich morgens nach dem Aufstehen ein großes Glas warmes Wasser zu trinken. So werden Schlackenstoffe gelöst, neue Zelldepots aufgefüllt und alle Funktionskreise deines Wunderwerks Körper in positiver Weise unterstützt.

Segne dein Wasser vor dem Trinken mit lichtvoller Energie. Stell dir vor und fühle, wie du mit dem Wasser diese besondere Energie in dich aufnimmst und jede Zelle die Botschaft des Lichts erhält. Wie du weißt, ist Wasser der Träger von Informationen, die an deinen Körper weitergegeben werden. Die Moleküle verändern sich je nach Qualität der Schwingungsfrequenzen.

So fülle dein Glas bewusst mit Wasser, aber auch mit Frequenzen von Licht, Liebe und Freude, den höchstschwingendsten Energien des Universums. Unterstütze damit den Wandel deiner eigenen Energie. Du wirst merken, wie du mehr Leichtigkeit, Vitalität und Wohlgefühl empfindest. Denn so müssen die Zellen keine zusätzliche Energie aufbringen, um die enorme Schwingungserhöhung zu ermöglichen. Sie schwingen schon in der Frequenz der neuen Erde, der neuen Zeit. Stimme dich ein auf den großen Umschwung, indem du das Trinken des gesegneten Wassers täglich in deinen Alltag integrierst.

Kraftquelle Nahrung

Die tägliche Nahrungsaufnahme kann unseren Körper mit neuer Energie versorgen, wenn wir auf die entsprechende Qualität und Reinheit achten. Entscheidend ist dabei weniger die korrekte Menge an Kohlenhydraten, Vitaminen und Spurenelementen als der Reichtum an lebendiger Energie der Lebensmittel. Je ursprünglicher eine Zutat, umso besser für unseren Organismus. Anbau und Herkunft sind ebenfalls entscheidend, da es einen wesentlichen Unterschied macht, in welcher Stimmung und mit welcher Ambition die jeweiligen Produkte hergestellt werden.

Wenn nur der reine Profit im Vordergrund steht und die Mitarbeiter der Firma oder des Betriebs keine Herzenswärme, Liebe und Begeisterung bei der Produktion verspüren, werden die Erzeugnisse keine hochschwingende Energie enthalten.

Werden die Lebensmittel dagegen mit Liebe produziert, stecken sie voller Kraft und Lebendigkeit, was sich auch in einem wunderbaren Geschmack äußert, der diese Produkte kennzeichnet. Je frischer die Lebensmittel sind, desto höher ist das Level der Energie, die sie an uns abgeben. Wohl jeder kennt den besonderen Moment, in dem wir eine gerade gepflückte Erdbeere in den Mund stecken und den unvergleichlichen Geschmack erleben.

Wer die Möglichkeit hat, Obst und Gemüse anzubauen, sollte diese in jedem Fall nutzen. Über die enge und persönliche

Verbindung während des Wachstums- und Reifeprozesses können besondere Stoffe in den Pflanzen entstehen, die das individuelle Wohlbefinden enorm unterstützen.

Künstlich hergestellte Nahrung sollte vermieden werden, um den Körper vor Verunreinigungen zu schützen. Die vielen Zusatzstoffe belasten den Darm, den Stoffwechsel und das Energiesystem. Durch Zunahme der Schwingungserhöhung haben viele Menschen ein vollkommen neues Empfinden für die Qualitätsunterschiede und greifen intuitiv nach hochwertigen, energiereichen Lebensmitteln, die sich positiv auf den Körper auswirken, ihn stärken und unterstützen auf dem Weg der zunehmenden Durchlichtung.

So lausche in dich hinein. Worauf hast du Appetit? Was lässt dir das Wasser im Mund zusammenlaufen? Nach welcher Mahlzeit fühlst du dich wach, konzentriert und aufgeladen?

Auch hier ist es ratsam, sich von alten Gewohnheiten zu befreien. Probiere neues aus, wage dich auf unbekanntes Terrain und folge den Impulsen deines Herzens.

Kraftquelle Schlaf

Gerade in diesen bewegten Zeiten ist es ratsam, genug Ruhe und Schlaf in den Alltag zu integrieren. Viele Menschen verspüren zur Zeit ein Bedürfnis nach deutlich mehr Schlaf, dem sie wenn möglich nachgeben sollten.

Denn die vielen Veränderungen auf unterschiedlichen Ebenen fordern Körper, Geist und Seele eine Menge ab. Umwandlungsprozesse und Bewusstseinssprünge finden permanent statt und wollen zwischendurch verarbeitet werden.

So gönne dir Pausen, pflege Ruhezeiten und lass deinen Körper regenerieren und deinen Geist zur Ruhe kommen. Freu dich bewusst auf die Schlafenszeit, in der so viele wichtige Vorgänge der Regeneration in deinem Körper stattfinden. Zellen werden repariert, erneuert und neu programmiert. Es ist unfassbar, wie viele Prozesse im Schlaf durchgeführt werden - ein komplexer Erneuerungsmechanismus, der das Potential hat, den Körper ewig jung zu erhalten.

Räume dem Schlaf wieder mehr Raum ein und werde dir seiner Bedeutung wieder bewusster. Bereits ein kurzer Mittagsschlaf ist für deinen Körper eine Wohltat. Er dürstet danach, wenn dein Leben ereignisreich ist, vollgefüllt mit Aufgaben und Herausforderungen, die deine volle Kraft und Aufmerksamkeit brauchen. Beschenke dich mit dem Schlafpensum, das die Weisheit deines Herzens dir vorschlägt. Vergleiche dich nicht mit anderen, sondern vertraue auf dein eigenes Empfinden. Du allein kannst entscheiden, wann du wieviele Stunden schläfst. Befreie dich von einem schlechten Gewissen oder dem Eindruck, du würdest dadurch etwas verschlafen oder verpassen. Sei unbesorgt, nach deiner Regenerationsphase wirst du mit deutlich mehr Energie dein Arbeitspensum viel schneller und leichter bewältigen als ohne Schlaf.

Steh auch zu bestimmten Lebensphasen, in denen du ein erhöhtes Schlafbedürfnis hast. Gib diesem nach und stell dir vor und fühle, wie dein Körper bestmöglich profitiert. Spüre auch deine Seele aufatmen und deinen Geist entspannen. Alle anstehenden Verwandlungen geschehen leichter mit einem erholten und entspannten Sein.

Begreifst du die Wichtigkeit dieser Aussage? Du unterstützt dich aktiv in dem Erwachungs-Prozess, wenn du dir mehr Schlaf gönnst.

„So pflege das Schlafen, um leichter zu erwachen.“

Kraftquelle Atmung

Eine sehr einfache und wirksame Möglichkeit, neue Energie aufzunehmen ist das bewusste Atmen. Hierbei gelangt nicht nur Sauerstoff in jede Zelle unseres Körpers, auch feine Lichtpartikel werden freigesetzt, die die Lichtfrequenz der Gesamtenergie enorm ansteigen lassen. Der Atem vitalisiert somit ständig den gesamten Organismus. Wenn wir lernen ihn bewusst zu lenken, können wir diesen natürlichen Prozess enorm unterstützen und verstärken.

Über den Atem können wir eintauchen in die göttliche ICH BIN - Gegenwart und damit in Kontakt mit unserem wahren Selbst treten. In diesem Zustand fällt es leicht, sich als vollkommenes Wesen zu erleben und den Atem in jeden Winkel des eigenen Seins zu lenken.

Doch auch durch eine tiefe, bewusste Bauchatmung können wir viel Kraft und Lebendigkeit tanken. Dabei wird der Atem mit jeder Einatmung hinunter in den Bauch geschickt, bis der Bauch sich wölbt. Beim Ausatmen fließt der Atem durch den Mund wieder aus, der Bauch wird wieder flach.

Eine besonders kraftvolle Methode ist die Hara-Atmung, bei der das Energiezentrum des Bauches unterhalb des Nabels aktiviert wird.

Bauchatmung

Diese Atemweise lässt sich sehr gut im Liegen durchführen, da dort die Bewegung des Bauches sehr gut wahrgenommen werden kann. Mit etwas Übung kann die Übung aber auch im Sitzen oder Stehen angewendet werden. Achte dabei darauf, dass deine Beine etwa hüftbreit auseinander stehen und die Fußsohlen guten Kontakt zur Erde haben.

Doch nun konzentrieren wir uns auf die Übungsanleitung in der entspannten Rückenlage. Lege dich dazu auf eine bequeme Unterlage und achte darauf, dass dein Körper sich wohlfühlt. Wenn du magst, kannst du ein Kissen unter den Kopf legen oder eine kleine Rolle unter den Knien platzieren. So ist der untere Rücken entspannt und du kannst dich voll und ganz auf deine Atmung konzentrieren.

Lass den Atem tief einströmen und versuche ihn bewusst in den Bauchraum zu lenken. Wenn du magst, kannst du deine Hände auf den Bauch legen, um diesen Vorgang zu unterstützen.

Erlebe, wie der Bauch sich hebt bei der Einatmung
und sich senkt bei der Ausatmung.

Genieße den lebendigen Atemstrom in der Mitte
deines Körpers und stell dir vor, wie sich neue Kraft
und Lebendigkeit in dir ausdehnt.

Lege die Hände nun wieder neben den Körper und
atme noch eine Weile bewusst in deinen Bauch
hinein.

Beobachte, welcher Atemvorgang länger dauert, das
Einatmen oder das Ausatmen?

Und dann beende diese kleine Atemübung,
reck und streck dich im Anschluss zu allen Seiten,
kehre langsam wieder zurück und öffne sanft seine
Augen.

Hara-Atmung

Die Hara-Atmung kannst du am besten im Liegen durchführen. Lege dich dazu entspannt auf den Rücken und schließ deine Augen.

Genieße es, ganz im Hier und Jetzt anzukommen und lass deine Gedanken einfach vorbeiziehen. Wenn es dir hilft, setze sie auf wunderschöne, weiße Wolken und lass sie davonschweben.

Richte deine Aufmerksamkeit auf die Mitte deines Körpers, das Kraftzentrum, auch Hara genannt, etwa zwei bis drei Zentimeter unterhalb des Bauchnabels. Dieser Bereich ist ein Tor zu den himmlischen Energien, die du über den Atem direkt in dich einsaugen kannst.

Anders als bei der klassischen Bauchatmung wölbt sich der Bauch nicht bei der Einatmung, sondern er zieht sich punktförmig unterhalb des Nabels zusammen. Dabei wird kosmische Energie eingesogen, die sich dann bei der Ausatmung im gesamten Bauchraum verteilt.

Du kannst dir dies wie eine kraftvolle Energiepumpe vorstellen, die durch den

Atemvorgang aktiviert wird.

Auch hier ist deine aktive, bewusste Anwendung der Schlüssel zum Erfolg.

So atme nun ein und ziehe dabei den Bereich unterhalb des Nabels etwas zusammen. Stell dir ganz lebendig vor, wie du die kosmische Energie in dich hineinsaugst.

Lass beim Ausatmen die Spannung los und fühle die Ausbreitung der Kraft im gesamten Bauchraum. Wiederhole diese Atemweise noch eine Weile und erlebe die Vitalisierung deines Körpers.

Kehre anschließend wieder zu deiner normalen Atmung zurück und spüre in deinen Bauch und den gesamten Körper hinein.

Rekele dich noch einmal zu allen Seiten und gähne herzhaft, bevor du langsam die Augen öffnest.

Kraftquelle Stille

In der schnelllebigen Zeit fällt es vielen Menschen gar nicht mehr auf, dass Phasen der Stille kaum noch vorkommen. Zu sehr ist der Alltag vollgepackt mit Aufgaben, das Handy stets auf Empfang und der Geist in Dauerbeschäftigung.

Und doch sehnt sich die Seele eines jeden Menschen nach Stille. Denn die Stille birgt das große Potential der Selbsterkenntnis. Nie sind wir uns selber näher als in Zeiten der Stille. Hier können wir in den Reflektions-Modus schalten oder ganz einfach den Augenblick aufsaugen und genießen.

Die Stille hat uns oft viel mehr mitzuteilen, als wir es für möglich halten. In der Stille haben wir die Chance, uns mit der Weisheit unseres Herzens zu verbinden und uns an die göttliche Urquelle allen Wissens anzuschließen. Auf beiden Wegen erhalten wir Signale und Botschaften, die uns Erkenntnisse und Lösungswege aufzeigen, die im Trubel der Geschäftigkeit nicht wahrnehmbar wären.

So kreiere dir Inseln der Stille, in denen du mit dir wertvolle Zeiten verbringst. Nutze diese kostbaren Oasen zur Innenschau und zur freien Wahrnehmung ohne jegliche Erwartungen. Feiere die Qualität der Stille und lass Muße einkehren. Im Ruhemodus steckt so viel Potential, das du für dich nutzen kannst. Baue auch in deinen Alltag kleine Stille-Momente ein. Statt beim Bügeln grundsätzlich das Radio laufen zu lassen, könntest du es in Stille tun. Auch Autofahren ist ohne ständige

Dauerberieselung möglich. Selbst das Handy hat eine Taste zum Ausschalten - du kannst dir die eigene Freiheit zurückerobern, wenn du möchtest.

Ein Spaziergang in der Natur ist ebenfalls eine großartige Möglichkeit, Stille zu erleben und innerlich zur Ruhe zu kommen. Je öfter du in den Stille-Modus schaltest, desto inniger wird das Verhältnis zu dir selber sein.

"In der Stille hörst du die Weisheit deiner Seele."

"Werde still und atme sanft. Alles kommt zu dir, wenn du dich öffnest für den Zauber des Augenblicks."

Die Macht der Liebe

Nichts ist stärker als die Macht der Liebe, dessen sei dir immer bewusst. Verbinde dich mit dieser allmächtigen Kraft des Universums wann immer du kannst. Liebe dich selbst und erkenne dich als wundervolles Schöpferwesen an. Tauche ein in den Strom der Liebe, wenn die Wellen des Lebens dich umhauen. Atme tief und werde ruhig in der Gewissheit, dass alle Schatten der Vergangenheit verschwinden. Du selbst bist es, der den Wandel herbeiführen kann, um das Wunder dieser Welt zu offenbaren.

Liebe ist mehr als ein Gefühl. Sie ist die Quelle der Wahrheit, der Freude und des Lichts. Zuversicht, Leichtigkeit und wahre Erkenntnis stehen mit ihr in Verbindung und innere Klarheit wächst. Die Macht der Liebe urteilt nicht, bewertet nicht, sondern strahlt die Wahrheit einfach aus. Sie durchflutet jeden Winkel deines Seins, wenn du dich öffnest und angeschlossen bist an Himmel und Erde. Werde zum Werkzeug des Lichts und der Liebe und bewirke Gutes in dieser Welt. Fühle die Liebe in deinem Herzen und dehne sie aus. Verbinde dich mit dem Herzen anderer Menschen und sieh, wie das Feld der Liebe wächst.

Die Macht der Liebe wird in Zukunft alles verändern, wenn die Menschheit sie im Herzen verankert. Lass die Liebe in dein Herz und spüre die größte Macht des Universums in dir. Öffne dich der universellen Lebensenergie und dem Mut, deiner eigenen Kraft zu vertrauen. Spüre die Wahrheit und den inneren Schatz in dir. Dein Herz spricht mit dir bei Tag und bei Nacht. Empfange die Botschaft deiner Seele und dann handle danach. Sei dir selber treu, trachte nach innen und lass die Wunder geschehen, die sich offenbaren.

Die Zeit ist reif für die große Transformation und die Verwandlung eines jeden Menschen, der sich dafür öffnet. Sei bereit für die große Gnade der Vollkommenheit, des All-Wissens und des All-Seins. Nichts ist vergänglicher als die Zeit des Stillstands und des Festhaltens an alten Strukturen, die dir nur scheinbare Sicherheit geben. Die wahre Sicherheit liegt tief in dir in deinem Herzen verborgen.

Nutze doch das gesamte bereits vorhandene All-Wissen deines inneren Wesenskerns, das dir zugänglich ist und setze es ein für all deine Ziele und Vorhaben. Mit ihm erkennst du deinen Weg, der seit Jahrtausenden vorbestimmt ist und den du nun bewusst mit einem wachen Geist beschreiten darfst. Das Erkennen der Zusammenhänge macht Sinn und führt zu dem Durchschauen der tiefsten Wahrheit.

Neue Bewusstseinssprünge stehen bevor und katapultieren die Menschheit auf ein höheres Level der Evolution. Neue Ebenen des Seins werden offenbar und beeinflussen das Leben der Individuen. Seelenströme unterschiedlicher Galaxien kommen zusammen, um die Essenz des Lebens zu feiern und zu ehren. Viele Inkarnationen hat es gebraucht, um an diesen Punkt der Entwicklung zu gelangen. Der große Schritt der Vereinigung steht bevor, die umfassende Erlösung der Menschheit folgt dem göttlichen Plan. Alles ist vorbereitet und wartet auf die Umsetzung jedes einzelnen Wesens, das dem Ruf der Lichtwesen folgt. Die "Streitmächte" des Lichts sind versammelt, um für das Gute und Wahre zu kämpfen. Ihre Waffen sind Wahrheit, Liebe und der unerschütterliche Glaube an das Gute dieser Welt. Sie entlarven, sie decken auf und verwandeln Hass, Gier, Macht und Neid in Mitgefühl und reinste Liebe. Die Strahlkraft der Liebe des Universums ist allmächtig und lässt keine Unvollkommenheit mehr zu.

So verbinde und verbünde dich mit dem Licht und verzaubere die Welt mit all ihren Schatten in ein wahres Paradies der Freude, der Wahrheit und des Glücks.

"Liebe ist die stärkste Kraft im Universum. Sie verbindet, sie heilt, sie segnet und sie schenkt Frieden."

"LIEBE

wohnt in deinem Herzen,

verbindet sich mit anderen,

flutet dein ganzes Leben,

erfüllt dein wahres Sein."

Das Herz öffnen

Diese Übung kannst du im Stehen oder Sitzen durchführen. Nimm beide Arme seitlich nach oben über dem Kopf zusammen, als wolltest du einen Krug greifen. Die Fingerspitzen zeigen dabei nach oben. Dann führe den gedachten Krug vor dem Gesicht entlang nach unten bis vor die Brust. Du kannst dir dabei vorstellen, wie dieser Krug mit ganz viel Freude und Liebe gefüllt ist, die du in dein Herz aufnimmst.

Anschließend drehe die Handflächen nach vorne und führe die Arme langsam zu den Seiten, bis sie wieder neben dem Körper hängen. Bei dieser Bewegung kannst du dir eine Lotusblüte vorstellen, die sich nach vorne hin öffnet. Wiederhole diesen Ablauf dreimal. Drehe beim letzten Mal die Hände nicht nach vorne, sondern lege die Handflächen aneinander und bewege die Arme langsam wieder nach unten.

Diese Qi-Gong-Übung wirkt beruhigend und beglückend auf den ganzen Menschen. Sie öffnet den Brustkorb und das Herz und lässt Freude herein

Herzensliebe

Bei der folgenden Übung wollen wir uns mit der Liebe unseres Herzens verbinden. Leg dich entspannt auf den Rücken und lass deine Augen sanft zufallen. Beobachte die Atembewegung im Brustkorb und genieße es, einfach nur dazuliegen und im Hier und Jetzt anzukommen.

Strecke nun deine Arme Richtung Zimmerdecke und öffne sie etwas zur Seite. Stell dir deine Arme wie einen Trichter vor, durch den das Licht und die Liebe der Sonne in dich hineinströmen kann. Die Strahlen der Sonne werden gebündelt und fließen direkt in dein Herz hinein. Öffne dein Herz für diese reine Liebe und nimm diese lichtvolle Energie in dich auf. Dein Herz wird gebadet in diesem goldenen Licht und erstrahlt in seiner vollkommenen Schönheit.

Lege nun die Hände auf dein Herz und spüre der Wärme und der Liebe nach...

Dein Herz ist nun so gefüllt mit Liebe, Freude und Dankbarkeit, dass du diese Energie weitergeben möchtest. Öffne noch einmal deine Arme nach oben und sende die Liebe hinaus in die ganze Welt, hinein in das Herz der Menschheit. "Mögen alle Wesen glücklich und gesegnet sein!"

Lege nun deine Hände wieder neben den Körper und lausche noch eine Weile dieser Herzensliebe nach.

Bewege nun langsam deine Hände und Füße, reck und streck dich zu allen Seiten und öffne dann langsam deine Augen.

"Dankbar spüre und erlebe ich, wie wahre Liebe und wahre Freude in mir wachsen."

Der Weg zur Selbstliebe

Auf dem Weg zu uns selbst werden wir mit vielen Schatten-themen konfrontiert, die uns aufzeigen, wo wir noch nicht im Reinen mit uns sind. Dabei wird deutlich, wie wir selber mit uns umgehen, wann wir uns für etwas schämen, uns klein und minderwertig fühlen oder unter Angst und Ohnmacht leiden. Häufig wird uns dabei bewusst, wie unsanft, fordernd, ja teil-weise respektlos wir mit uns umgehen.

Das Mitgefühl und Verständnis, das wir so selbstverständlich für die Freundin, den Lebenspartner und sogar den Nachbarn aufbringen, legen wir im eigenen Umgang meist nicht an den Tag. Ist es nicht sehr erstaunlich, dass wir so unterschiedlich reagieren? Wie wäre es wohl, wenn wir es uns zur Gewohn-heit machen, uns wohlwollend, liebevoll und mitfühlend um uns zu kümmern? Auch wenn es sich am Anfang ungewohnt, vielleicht sogar albern oder aufgesetzt anfühlt, es sollte uns am Herzen liegen, das eigene Wohlergehen optimal zu fördern.

Sich selbst die beste Freundin, der beste Freund zu sein ist ein Ziel, das unser Leben komplett verändern kann. Entscheide dich jetzt für ein Leben in Wertschätzung und Liebe zu dir selbst.

Lerne, stolz auf dich zu sein, dich zu feiern und zu ehren, dich zu loben und zu preisen. Werde dir bewusst, welch wunder-bares, göttliches und einmaliges Wesen du bist. Einzigartig und wundervoll! Wahre Selbstliebe hat nichts mit Egoismus zu tun. Sie ist die reine Kraft der Anerkennung und Selbstannahme. Ohne sie kann sich kein gesundes Selbstbewusstsein entwickeln. Und das brauchen wir, um unsere Persönlichkeit voll und ganz zu entfalten und das gesamte uns innewohnende Potential zu leben.

Also, ab heute gilt: keine falsche Bescheidenheit mehr, keine Selbstzweilfel und keine Unsicherheiten. Du bist ein vollkommenes Lichtwesen mit vielen Gaben und Fähigkeiten, die du mit Freude in die Welt tragen darfst. Lass dich nicht von Erlebnissen und Prägungen der Vergangenheit abhalten. Löse dich von Scham und Schuld, lerne dir selber zu verzeihen und befreie dich von den Fesseln uralter Verstrickungen.

"Umarme das Leben und sage JA zu allem was ist.
Wahre Hingabe ist der Schlüssel zu einem erfüllten Sein.
Umarme dich selbst und sage JA zu dir mit all deinen Anteilen.
Selbstliebe und Selbstannahme bringen dich in dein SELBST bewusst SEIN."

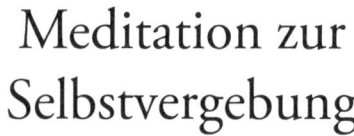

Meditation zur Selbstvergebung

Such dir einen gemütlichen Ort und mach es dir bequem. Finde eine Position im Sitz oder im Liegen, in der du dich rundherum wohl fühlst. Schließ deine Augen und genieße es, dir nun eine wertvolle Auszeit zu nehmen, um in Frieden mit dir selbst zu kommen.

Richte deinen Blick nach innen und beobachte, wie dein Atem ein- und ausströmt. Beobachte, wie sich die Atmung anfühlt. Ist sie eher flach und zart zu spüren oder tief und deutlich wahrzunehmen? Bewerte und beurteile nicht, sondern nimm einfach die Art und Weise der Atembewegung wahr. Fließt der Atem bis in den Bauch oder spürst du ihn mehr im Brustkorb?

Genieße die Entspannung und lass deinen Körper mit jeder Ausatmung tiefer in die Unterlage oder dein Kissen sinken. Stell dir vor und fühle, wie alle Muskeln, Sehnen und Bänder nachgeben, weich werden und sich dein ganzer Körper wohlig schwer und entspannt anfühlt.

Nimm wahr, wie die Erde dich trägt und spüre die wunderbare Gewissheit in dir wachsen:

„Ich bin getragen von Mutter Erde. Ich bin angenommen, so wie ich bin."

Lass diesen Satz in dir nachklingen und erlebe die tiefe Geborgenheit, die er dir schenkt. Erlaube dir noch einen Moment in diesem Gefühl zu verweilen.

Nimm nun den Bereich deines Herzens wahr. Wie fühlt er sich an, leicht und weit oder eng und schwer? Frage dein Herz, ob du dich selber so annimmst wie Mutter Erde es tut. Wenn du ein Ja wahrnimmst, dann lächle ihm zu und sei dankbar für den Frieden, der sich nun in dir ausbreitet. In diesem Fall beendest du die Meditation an dieser Stelle.

Wenn du ein Nein wahrnimmst, dann frage dein Herz, wann du dich selber verurteilt oder verletzt hast oder Schuldgefühle an dir nagten. Lausche und warte, bis ein Bild oder eine Erinnerung vor deinem inneren Auge entsteht. Tauche ganz ein in dieses Bild der Vergangenheit und erlaube dir dabei, deine Gefühle anzunehmen. Spüre den Schmerz, die Verzweiflung oder Traurigkeit von damals, und wenn Tränen fließen wollen, dann lass es geschehen. Das Annehmen der verdrängten Gefühle ist der erste Schritt und bringt dich in Verbindung mit deinem Schmerz.

Verändere nun deinen Blickwinkel und betrachte die Situation aus der Vogelperspektive. Sieh, wie du damals reagiert hast und blicke wohlwollend und mit Mitgefühl darauf. Werde zum Beobachter und identifiziere dich nicht mehr so unmittelbar mit deiner damaligen Rolle.

Hülle die Szene in Licht und Liebe, atme tief ein und aus und lass mit jedem Ausatmen den Schmerz der Vergangenheit los. Erkenne die Chance, dir nun aus tiefstem Herzen verzeihen zu können. Sprich laut oder leise:

„Ich vergebe mir selbst und löse mich von dem Schmerz der Vergangenheit. Ich lasse los, was mich belastet und mein Herz bedrückt. Ich bin bereit, mich selber annehmen und lieben zu lernen.“

„Tiefer Frieden wächst jetzt in mir. Tiefer Frieden breitet sich in mir aus. Tiefer Frieden erfüllt mein ganzes Sein.“

Genieße diese heilsame, friedvolle Stimmung noch eine Weile. Bewege dann langsam deine Hände und Füße, recke dich zu allen Seiten und öffne dann langsam deine Augen.

Die Freude deines Herzens

Dein Herz ist der Impulsgeber für die neue Zeit. Als Resonanzkörper steht es in Kontakt mit der Urquelle allen Seins und der wahren göttlichen Liebe. Erkenne den Schatz in deinem Herzen, fühle die Verbindung zum wahren Sein deines strahlenden Wesenkerns.

Du bist die wahrhaftige Freude deines Lebens, die Triebfeder für Veränderungs- und Verwandlungsprozesse. Indem du der Liebe in dir Raum schenkst, geschieht die Verwandlung schnell und nachhaltig. Als höchste Schwingung schenkt die Liebe dir alles, was du für ein erfülltes, glückliches Leben brauchst.

Freude ist gelebte Liebe und entspringt direkt deiner göttlichen Seele. Du bist ein Lichtwesen, dessen sein dir bewusst. Kein negativer Gedanke kann dich hindern, die wahre Liebe und die reine Freude zu offenbaren. Lebe deine Wahrheit und bring Freude in die Welt. Du bist ein Kind des Lichtes, vergiss das nicht.

"Freude ist der Ausdruck der Liebe deines Herzens"

Mitgefühl ist Nächstenliebe

Echtes Mitgefühl zu empfinden ist Empathie pur. Sich ein-
fühlen können in die Gefühlswelt eines anderen, beruht auf
den feinstofflichen Herzensverbindungen, die zwischen den
Menschen bestehen. Je offener ein Mensch auf der Herzebene
ist, desto leichter fällt es, sich auf die Frequenz der Gefühle des
Gegenübers einzuschwingen. Umgekehrt kann dieser tiefes
Mitgefühl besonders intensiv wahrnehmen und ausdrücken.
Mitgefühl ist gelebte Nächstenliebe. Es vermittelt Trost, Verständnis und Geborgenheit. Haben wir als Kind erfahren, dass
wir uns verstanden fühlten, wenn es uns einmal nicht gutging,
wird es uns vermutlich auch jetzt leicht fallen, echtes Mitgefühl
anzunehmen und Kraft und Zuversicht daraus zu schöpfen.
Fehlt uns diese Erfahrung, sind wir vielleicht überfordert und
können mit dieser Art der Zuwendung nicht umgehen. In diesem Fall haben wir gelernt, den Schmerz oder die Ohnmacht
alleine mit uns auszumachen und empfinden das Annehmen
von Mitgefühl unter Umständen sogar unangenehm, da es uns
als Zeichen von Schwäche erscheint, die es zu verbergen gilt.

Wir sind eingeladen, abzuschließen mit diesen Belastungen
der Vergangenheit, die uns trennen von unserem wahren
Wesenskern. So öffne dein Herz für dich und andere. Lebe das
Mitgefühl in deinem Umfeld, aber habe auch Mitgefühl mit
dir selbst.

Freude ist Ausdruck der Liebe

Freude ist die höchstschwingendste Emotion und verleiht der Liebe ihren Ausdruck. Pure Freude ist so rein und hell wie ein Kinderlachen. Das Strahlen der Augen eines fröhlichen Babys spiegelt diesen kraftvollen Zustand der Freude wider. Unbeschwerte Freude erleben die Menschen in ihrem Alltag allzuwenig. Zu groß und umfangeich sind die Aufgaben, zu ernsthaft sind die Bemühungen, zu dominant der Verstand. Sich um etwas bemühen zu müssen, macht schwer, unfrei und eng, die große Anstrengung scheint auf dem Fuß zu folgen. Den Ausspruch "Mühe allein genügt nicht" solltest du ab heute ersetzen durch: "Mühe allein lohnt sich nicht."

Denn du bist nicht auf dieser Welt, um dich anzustrengen, deine Aufgaben mit Mühe zu meistern und dich täglich aufs neue abzurackern.

Erinnere dich an deinen wahren Seinszustand. Du bist Liebe und du bist Licht. Es passen also nur noch Ausdrucksformen in deinen Alltag, die damit in Resonanz gehen. Wie könnte deine Arbeit aussehen, wenn du sie nur noch mit Freude, Begeisterung und Hingabe tust? Was würde sich verwandeln, wenn du deine Aufgaben mit Leichtigkeit bewältigst, neuen Herausforderungen mit Zuversicht begegnest und spielerisch an sie herangehst? Freude ist die Quelle deines Glücks, schenke ihr wieder mehr Raum in deinem Leben.

Leichtigkeit macht frei

Es gibt viele Menschen, die sich über andere Menschen oder Umstände in ihrem Leben beschweren. Dass sie es damit sich und anderen erst wirklich schwermachen, ist ihnen dabei nicht bewusst. Ursache ist oft eine tiefe innere Unzufriedenheit, ein Mangel an Selbstliebe und Selbstachtung, sowie mangelndes Vertrauen in das Gute im Leben.

Diese Menschen suchen die Schuld im Außen, neigen dazu, über sich und andere zu urteilen und haben gerne das Gefühl der Überlegenheit, indem sie andere kontrollieren. Das Leben wird als Kampf definiert und dementsprechend hart trainiert, um in jedem Fall als Sieger vom Platz zu gehen.

Doch wer mit harten Bandagen kämpft und die Leichtigkeit aus den Augen verliert, wird wohl kaum ein Krieger des Lichts werden. Dieser nutzt ganz andere Waffen, um den Sieg zu erringen. Mit Klarheit, Weitsicht, Liebe, Flexibilität und Leichtigkeit lässt sich im Leben meist viel mehr erreichen, auch wenn es um berufliche Ziele geht.

Erfolg folgt somit auf positive Grundausrichtungen, die den Energiefluss anregen, das Energielevel erhöhen und einen Flow-Zustand erzeugen. Im Flow sein, also im Fluss sein bedeutet, dem Fluss des Lebens zu vertrauen, sich hinzuschenken an die Veränderungen des Lebens.

Leichtigkeit bringt Entspannung in den Alltag, erlaubt neue

Konzepte und neue Entwicklungen. Leichtigkeit entspringt dem Herzensimpuls, der dich leitet auf deinem Weg in ein lichtvolles, glückliches und erfülltes Leben.

"ERFOLG

entspringt in Deinem Herzen,

folgt auf Begeisterung,

gelingt durch Leichtigkeit,

bleibt mit Vertrauen."

Meditation für mehr Leichtigkeit

Nimm die Zeit für dich selbst und mach es dir gemütlich. Such dir einen Ort, an dem du dich wohlfühlst und setz dich entspannt hin oder lege dich auf eine bequeme Unterlage. Lass deine Augen sanft zufallen und genieße es, ganz im Hier und Jetzt anzukommen.

Sehnst du dich nach mehr Leichtigkeit im Alltag? Empfindest du dein Leben manchmal als schwer, belastend und anstrengend? Dann komm nun mit auf eine Reise durch deinen Körper, um wieder zu entspannen und Leichtigkeit zu erleben.

Beobachte deinen Atem, der ganz von selbst ein und ausströmt. Nimm wahr, welche Atemphase länger oder kürzer ist, der Einatem,- oder der Ausatemstrom. Bewerte dies nicht, aber nimm achtsam wahr, ob dir das Einatmen oder das Ausatmen leichter fällt.

Wo nimmst du deinen Atem besonders wahr? Im Bereich der Lungen, im seitlichen Brustkorb oder in deinem Bauch? Auch hier keine Bewertung abgeben, einfach nur beobachten und wahrnehmen. Der Atem geschieht einfach ganz ohne dein Zutun, tagein und tagaus. Der lebendige Strom des Lebens erfüllt dich in jeder Sekunde deines Seins. Dies geschieht mühelos, leicht und genauso mühelos und leicht darf sich dein gesamtes Leben anfühlen.

Du bist nicht hier, um dich abzurackern und mühsam durchs Leben zu schreiten. Du bist hier um zu gestalten, um dich zu erfreuen und mit Leichtigkeit deiner Leidenschaft nachzugehen.

Und so lass deinen Atem frei fließen und lenke ihn nun bewusst tief in deinen Bauch hinein. Lass es geschehen, dass der Atem deinen Bauch bewegt. Spüre nach, wie sich bei jedem Einatmen die Bauchdecke wölbt und wie bei jeder Ausatmung der Bauch wieder flach wird.
Erlebe, wie dein Atem den Bauchraum mit neuer Lebendigkeit erfüllt und wie neue Kraft in dich hineinfließt.

Wie ein sanfter Wind strömt der Atem in dich hinein und erfüllt jede Zelle mit neuer Kraft und Vitalität. Wenn du magst, kannst du auch deine Hände auf den Bauch legen und dort die Lebendigkeit deines Atems spüren. Vielleicht nimmst du auch Wärme oder ein Kribbeln unter deinen Handflächen wahr, denn in deinem Bauch befindet sich auch dein Kraftzentrum.

Und dann nimm deine Hände wieder neben deinen Körper und spüre weiterhin in dich hinein. Lass es geschehen, dass der Atem sich noch weiter in dir ausbreitet und stell dir vor und fühle, wie die wunderbare Leichtigkeit nach unten fließt und über deine Leisten und das Becken die Beine und Füße erreicht.

Mit jeder Einatmung strömt neue Energie über die Lungen in deinen Körper, mit jeder Ausatmung verteilt sich dieser Lebensstrom in alle Bereiche von Kopf bis Fuß.

Alle Schwere, alle Verspannungen dürfen abfließen, dürfen sich lösen, Leichtigkeit und Unbeschwertheit dürfen wachsen. Gerade dein Kopf sehnt sich nach dieser Leichtigkeit, und so schicke den Atem bewusst in deinen Kopf, in den Kiefer, in die Ohren, ins Gehirn, die Stirnpartie, die Augen, Wangenknochen, deine Nase, den gesamten Mundraum und dein Kinn.

Genieße die Leichtigkeit, die dein Atem in deinem Kopf erzeugt. Fühle, wie sich dein Kopf ganz leicht und frei anfühlt. Frei von Sorgen, frei von beschwerenden Gedanken, frei von Zweifel und Unsicherheit. Fühle, wie Leichtigkeit in dir wächst, Vertrauen zunimmt, wie Unbeschwertheit und Freude sich breitmachen in dir.

Die Zeit des Kämpfens ist nun vorbei. Du
darfst dich anschließen an die Leichtigkeit des
Seins. Bring Leichtigkeit in dein Leben in allen
Lebensbereichen und spüre jetzt, dass es gelingen
wird, wenn du vertraust und wenn du deinen Atem
in dieser Weise für dich nutzen kannst. Erlaube
dir, Leichtigkeit zu offenbaren in deinem Leben,
Freiheit und Unbeschwertheit zu fühlen jeden Tag.

Statt dich über Umstände zu beschweren, solltest
du dich von altem Ballast befreien und neue Wege
gehen, um dein wahres Selbst und dein wahres
Wesen und deine wahre Bestimmung zu leben.

Und so fühle noch einmal in deinen gesamten
Körper hinein, der nun so sehr erfüllt ist von
der Leichtigkeit und Lebendigkeit deines Atems.
Spüre in jede Faser deines Körpers und nimm
diese Qualität in dir wahr. Sauge sie auf wie
ein Schwamm und genieße diesen Zustand der
Leichtigkeit, der Unbeschwertheit und deiner
neuen Realität wenn du magst.

Jeden Tag kann der Atem dir helfen, deine
Leichtigkeit wiederzufinden, wenn sie im Trubel
des Alltags untergeht. Nimm dir kleine Pausen
zwischendurch und schließe dich an an die Urkraft
des Lebens, die dich jede Sekunde sowieso erfüllt,
ob bewusst oder unbewusst.

Mach es dir zur Gewohnheit, täglich bewusst zu atmen und dich mit der Leichtigkeit zu verbinden. Schenke dieser neuen Qualität mehr Raum und so wirst du deinen Alltag verwandeln. So nimm dir einen Augenblick Zeit, um dieses Gefühl der Leichtigkeit und Unbeschwertheit in deine Lebensbereiche hineinzustrahlen. An deinen Arbeitsplatz, in dein Umfeld, wo du dich oft angestrengt fühlst, in deine Familie, deine täglichen Aufgaben oder in andere Bereiche, die dir jetzt bewusst werden, wo du Leichtigkeit gebrauchen kannst. In all diese Bereiche flute jetzt deinen Atem und das innig gefühlte Empfinden der Leichtigkeit.

Und so spürst du jetzt ganz deutlich in dir wachsen: „Neue Leichtigkeit entwickelt sich mehr und mehr in meinem Leben, ich spüre und erlebe, dass ich nun auf dem Weg bin, die Leichtigkeit in meinem Leben zu offenbaren. Alle Schwere und Disharmonie kann abgleiten, darf sich auflösen und verwandeln in Zuversicht und Freude.Ich vertraue dem Fluss des Lebens und ich vertraue in mir. Der Atem als mein ständiger Begleiter kann mich erinnern an die Leichtigkeit und an die Möglichkeit, diese in mein Leben zu integrieren."

Und in dieser wunderbaren Gewissheit bewege langsam die Hände und Füße, reck und streck dich genüsslich zu allen Seiten. Atme nochmal ganz tief durch oder gähne herzhaft und öffne dann ganz langsam deine Augen.

Herzens-Impulse

Der Weg deines Herzens führt dich immer nach hause. Deine wahre Heimat ist der Kosmos. In der Verschmelzung mit vielen anderen Lichtwesen findet eine Vereinigung der Herzen statt, die dich zur Quelle deines Ursprungs führt. Als Kind des Lichtes kehrst du nach unzähligen Inkarnationen zurück in die Vollkommenheit, um als erwachte Seele im göttlichen Schoß den Zauber der Verwandlung zu erfahren. Frei von allen Begrenzungen erlebst du das Einssein auf allen Ebenen und erfährst dich als Teil des großen Ganzen.

Der Kompass deines Herzens zeigt dir den Weg in die wahre Vollkommenheit. Lass dich leiten von den Impulsen, die der Tiefe deines Herzens entspringen und mit der allumfassenden Liebe verbunden sind. Die Liebe allein ist der Schlüssel in die Glückseligkeit.

"Das Herz ist der Kompass deines Lebens. Es führt dich sicher in den Hafen der wahren Heimat deiner Seele."

„Je mehr Liebe du aussendest, desto mehr wirst du empfangen. Lass dein Herz übersprudeln vor Liebe, Freude und Dankbarkeit. Du allein hast es in der Hand, als Herzensmensch dieser Welt zum Wandel zu verhelfen."

Auf zu neuen Ufern

Dein Leben ist wie eine Reise mit einem Segelboot.
Es kommt auf den richtigen Kurs an, um den
sicheren Hafen zu erreichen.

Durch das Ändern deiner Gefühls,- und
Gedankenschleifen kannst du das Navi neu
ausrichten. Dein Herz als Kompass deiner Seele
lässt dich aufbrechen zu neuen Ufern, wodurch sich
dir vollkommen neue Welten erschließen.

Setze die Segel der Liebe, hisse die Flagge des
Friedens und lenke das Steuerrad mit einem
wachen Geist. Folge deiner Intuition, um Untiefen
zu vermeiden.

Bleibe auf Kurs, auch wenn der Wind sich dreht
und Stürme dir die Fahrt erschweren. Handle klug
und besonnen in Krisensituationen und lerne, dir
selbst und dem Leben zu vertrauen.

Ersetze Angst durch Mut, Zweifel durch Zuversicht,
Groll durch Geduld und lass Freude dein ständiger
Begleiter sein.

Erleuchte Dein Leben

Das Leben in der Dualität bietet viel Raum zur persönlichen Weiterentwicklung, da wir uns in dem Spannungsfeld von Licht und Schatten bewegen und hier vielschichtige Erfahrungen sammeln können. Es ist jedoch unser freier Wille, uns mehr und mehr mit dem Licht zu verbinden und so zum Schöpfer einer neuen, lichtvolleren Realität zu werden, die sowohl positiven Einfluss auf unser eigenes Leben, als auch auf unser Umfeld und die gesamte Welt hat.

Durchlichte deinen Körper

Der Körper ist unser Erfahrungsinstrument auf dieser Erde. Mit ihm können wir alle menschlichen, irdischen Erfahrungen machen, um zu wachsen, zu reifen und unsere persönliche Weiterentwicklung zu vollenden.

Der physische Körper mit all seinen Milliarden Zellen und komplexen Funktionskreisen wird gespeist von Wasser, Licht und Liebe. In Lichtgeschwindigkeit werden Informationen von Zelle zu Zelle weitergeleitet, um das Wunderwerk Körper am Leben zu erhalten.

Je besser es uns gelingt, den Körper mit diesen Grundenergien zu versorgen, desto kraftvoller, energiereicher und lebendiger wird er sein. Mach es dir deshalb zur Gewohnheit, jeden Tag das Licht durch deinen Körper zu lenken und damit jede Zelle anzuschließen an den großen Akku des Universums. Lade dich auf und halte die Verbindung aufrecht.

Angeschlossen an Himmel und Erde funktionierst du als reinster Lichtkanal, der deiner Seele ein strahlendes Zuhause bietet, voller Kraft und Herrlichkeit. Spüre die Leichtigkeit in deinem Herzen und das Wohlgefühl in deiner Seele. Du bist nicht auf dieser Erde, um zu leiden und deinen Körper zu benutzen oder gar auszunutzen.

Feier das Leben und ehre deinen Körper als wahren Tempel deiner Seele. Lass Licht und Liebe in dir wachsen, auf das es deinen Körper in höchster Schwingung erstrahlen lässt.

Durchlichte deine Gedanken

Täglich gehen uns etwa 60.000 Gedanken durch den Kopf, von denen uns die meisten nicht einmal bewusst sind. Dabei sind die Gedanken ein wichtiger Baustein der Kreation unserer Wirklichkeit. Denn worauf wir unsere Aufmerksamkeit richten, das ziehen wir in unsere Welt. Je düsterer und negativer die Gedanken sind, desto mehr ziehen wir über das Resonanzgesetz negative Erfahrungen und Ereignisse in unser

Leben. Hierbei verlieren wir Energie und neigen dazu, noch mehr in dunkle Gedankenspiralen zu gelangen. Dadurch können regelrechte Teufelskreise entstehen, die einen immer tiefer in negative Gedanken und Glaubenssätze hinunterziehen.

Durchschauen wir dieses Spiel, können wir bewusst andere Gedanken in uns bewegen und diesen mehr und mehr Raum geben. So kann eine positive Spirale in Gang gesetzt werden, die uns gut tut und unser Schwingungslevel erhöht.

Beginne bereits den Morgen mit einem guten Gedanken und beobachte dich dabei. Erlaube dir anschließend weitere bewusste positive Gedanken und erschaffe bereits vor dem Aufstehen eine ganze Kette friedvoller, lichtvoller und positiver Gedanken. Setze damit einen kraftvollen Impuls für den gesamten Tag und erinnere dich immer wieder im Laufe des Tages an diesen ersten Impuls. Sei im Laufe des Tages wachsam und werde dir deiner Gedanken mehr und mehr bewusst. Entscheide dich, negative Gedankenmuster zu durchbrechen und konzentriere dich auf das Gute in deinem Leben.

Erschaffe dir damit neue Gewohnheiten in deiner täglichen "Gedankenhygiene" und erlebe, wie es dir immer leichter fällt, deine Gedanken bewusst zu lenken und neu auszurichten.

Mach es dir zur Gewohnheit, auch abends vor dem Einschlafen den Tag revue passieren zu lassen und für ihn zu danken.

Durchlichte deine Gefühle

Mit dankbaren Gedanken an den Tag sind wir auch schon beim nächsten wichtigen Punkt angelangt, der ebenfalls entscheidend ist - die Gefühle. Das Gefühl der Dankbarkeit ist dabei von besonderer Bedeutung, da hierbei sehr viel Licht- und Liebesschwingung entsteht. Spüre einmal in eine Situation hinein, die dich von Herzen dankbar sein lässt. Fühle, wie sich dieses Gefühl der Dankbarkeit ausbreitet und was es in dir bewirkt.

Tägliche Dankbarkeitsrituale helfen, sich bewusst zu werden, wofür wir jeden Tag dankbar sein können. So entsteht häufig eine tiefe Demut vor dem Leben, das so viele wundervolle Momente für uns bereit hält. Doch begegnen uns im Alltag auch Situationen und Ereignisse, die ganz andere Gefühle in uns erzeugen. Ob Wut, Angst, Verzweiflung oder Traurigkeit - die sogenannten negativen Gefühle haben auch ihre Daseinsberechtigung und sollten bewusst wahrgenommen und gefühlt werden. Verdrängung führt zur Abspaltung und Blockierung des Energieflusses. Das Zulassen und Ausleben hingegen lässt uns authentisch sein.

Als Mensch haben wir die Möglichkeit, uns auszudrücken und unsere Befindlichkeit mitzuteilen und zu zeigen. Die Gefühle sind dabei das Barometer unserer Seele, die sich spüren und erleben will und ihrer Sehnsucht nach Vollkommenheit folgt, indem sie die Welt der Dualität durchläuft. Dabei sind die unterschiedlichen Gefühle eine Möglichkeit, vielfältige

Stimmungslagen auszudrücken und wahrzunehmen.

Als erwachtes Lichtwesen nehmen wir allerdings mehr und mehr Abstand von den Gefühlen, die eine niedrige Schwingungsfrequenz haben. Alles was eng macht, aufregt, bewertet oder kontrolliert, hält der wahren Liebesschwingung nicht Stand. Übe dich darin, Abstand zu nehmen, wenn dich negative Gefühle übermannen. Lass nicht mehr zu, dass Angst dir die Kehle zuschnürt oder Wutanfälle dich beherrschen.

Tritt einen Schritt zurück und werde zum Schachspieler in deinem eigenen Leben. Identifiziere dich nicht mit jeder kleinsten Gefühlsregung, sondern durchlichte deine Gefühle mit reinster Liebe und strahlendem Licht. Erhelle deine Gefühle und erhebe dich aus ihnen in einen Zustand voller leichter und liebevoller Gefühle. Erzeuge damit ein Leben in Leichtigkeit, Freiheit und Liebe, das immer mehr davon in dein Leben zieht.

„Durchleuchte dich, durchschaue dich und lass die Verstrickungen mit deinem Ego los"

Lichtmeditation

Such dir einen gemütlichen Platz, an dem du dich wohl und geborgen fühlst. Nimm dir eine Decke oder ein Kissen und schließe deine Augen. Stell dir vor, dass du auf einer wunderschönen weißen Wolke liegst, auf der du dich gebettet hast und auf dieser Wolke schwebst du nun durch die Unendlichkeit.

Ein leichter Wind trägt dich davon und dein ganzer Körper fühlt sich leicht und frei an. Es ist ein wundervolles Gefühl so zu schweben, eingebettet in dieser gemütlichen Wolke, auf der du dich wohl und sicher fühlst.

Und diese Wolke trägt dich weiter nach oben, Richtung Sonne, Richtung Licht, und du spürst schon die Wärme der Sonne, die dir ins Gesicht strahlt, so dass ein feines Lächeln entsteht. Du fühlst dich wohl auf deiner Wolke, im Licht gebadet. All deine Zellen jubilieren vor Freude über die Lebendigkeit, die in ihnen wach wird.

Stell dir vor und fühle, wie die Sonnenstrahlen deinen Körper durchfluten mit der reinsten Liebe des Universums. Sieh, wie deine Zellen tanzen

vor Glück und wie sie in ihrer vollkommenen
Schönheit erstrahlen.
Licht und Liebe breitet sich in dir aus und erfüllen
alle Organe deines Körpers mit der Energie des
Universums.

Und so schwebst du auf deiner Wolke der Sonne
entgegen und das Licht und die Wärme werden
immer intensiver. Es ist so wohltuend für Körper,
Geist und Seele - alles in dir atmet auf, alles in
dir wird weit und hell, alles in dir wird heiter und
leicht.

Auch deine Lungen füllen sich mit dem Licht
und der Liebe, die von der Sonne in dich
hineinströmen. Du nimmst diese wohlige Wärme
bei jedem Atemzug bewusst wahr und stellst dir
vor, wie beide Lungenflügel in vollkommener
Kraft und Schönheit erstrahlen. Dieses göttliche
Licht hat so viel Kraft und Energie, dass alle
Unvollkommenheiten verschwinden. Alle Zellen
in deinem Körper tauschen sich aus über diese
Lichtfrequenz, die jeden Winkel deines Körpers
erreichen.

So kannst du zu dem Lichtwesen werden, das du in
Wahrheit bist, ein wunderbares Kind des Lichtes.
Schenke dich ganz dieser Wärme und diesem Licht
hin und genieße auf deiner Wolke dieses Bad in
göttlicher Energie.

Alle Energiespeicher in deinem Körper werden jetzt gefüllt mit neuer Kraft. Du tankst auf und sammelst dir Vorräte an an Energie, Vitalität und Lebensfreude, die du in dunklen Stunden oder Tagen hervorholen kannst - dessen sei gewiss - wenn du dich an diese Meditation und diesen Ausflug auf deiner Wolke erinnerst.

Diese Licht, das jetzt in jeder Zelle wunderbare Dinge vollbringt, regeneriert, reinigt und heilt, dieses Licht strahlt über deinen Körper nun nach außen in alle Energiekörper hinein, in die feinstofflichen Schichten deiner Aura. Reinstes, göttliches Licht durchflutet deine energetischen Körper um dich herum. So wächst deine Ausstrahlung, deine Sicherheit und dein positives Lebensgefühl von Sekunde zu Sekunde.

Licht und Liebe, Gelassenheit und Freude durchfluten alle Ebenen deines Seins, deine Emotionen, deine Gedanken, deine ganze Seele wird durchströmt mit Kraft und Lebendigkeit, Zuversicht und Geborgenheit.

Auf dieser Wolke spürst du, dass alles so wie es ist richtig ist, und dass du getragen bist, egal wo du bist. Du bist in Sicherheit, denn du bist angeschlossen an das wundervolle Licht und die Liebe der Sonne.

Erspüre dieses Licht noch einmal mit all deinen Sinnen. Fühle das Licht, schmecke das Licht, atme das Licht und nimm es auf allen Ebenen bewusst in dich auf. Und wenn du jetzt das Gefühl hast, dass ein Bereich deines Körpers noch eine Portion Licht vertragen kann, dann stell dir vor und fühle, wie dich dort ganz besonders das Licht unterstützt, reinigt und heilt.

Nutze auch deinen Atemstrom, um das Licht in dir zu bewegen. Das kannst du in jedem Augenblick deines Alltags tun, wenn dir danach ist. Du kannst dieses Licht auch bewegen, wenn dunkle Gedanken oder Gefühle auftauchen. Dann kann diese Vorstellung helfen, Blockaden zu lösen und ins Vertrauen zurückzukehren.

Denn du bist der Schöpfer deines eigenen Lebens und kannst das Licht um Unterstützung bitten, wann immer du magst. Und dann genieße noch eine Weile dieses wunderbare Lichtbad auf deiner Wolke. Lass dich tragen, lass dich schaukeln, lass einfach los und genieße.

Kehre nun langsam wieder zurück von deiner wundervollen Wolke, die du jederzeit wieder besuchen kannst. Spüre die Unterlage in deinem Raum, bewege langsam deine Hände und Füße, die Zehen und Finger. Atme tief durch oder gähne herzhaft und öffne dann ganz langsam deine Augen.

Die Magie der Vergebung

Im Laufe des Lebens geschieht es immer wieder, dass wir in Situationen geraten, die ihre Spuren hinterlassen. Es sammeln sich große und kleine Verletzungen an, die als Erinnerungen gespeichert sind und nach Erlösung schreien. Je nach Art und Ausmaß der Verletzung sind wir häufig in der Lage, uns mit der Situation zu versöhnen und inneren Frieden zu schließen. Oder aber wir leiden so sehr darunter, dass wir dem Verursacher des Leids nicht vergeben können. Dass wie uns selber mehr Schaden zufügen, wenn es nicht gelingt zu vergeben, ist uns in der Regel nicht bewusst. In der Opferrolle gefangen, bemitleiden wir uns und klagen den Schuldigen an, der uns dieses Leid angetan hat.

Um auf allen Ebenen unserer Gedanken und Gefühle Frieden zu schließen und dem Lichtprozess ganzen Raum zu geben, ist die Umsetzung echter Vergebung notwendig. Die Schatten der Vergangenheit holen uns ansonsten immer wieder ein und verhindern das Erreichen der nächsten Entwicklungsstufe.

Mitgefühl und Liebe sind die Schlüssel zur Vergebung aus dem Herzen. Werden wir uns bewusst, dass jeder schon einmal Opfer und Täter war, fällt es leichter, anderen zu vergeben. Wenn wir zudem erkennen, dass wir uns hier auf der Erde verabredet haben, um unterschiedliche Erfahrungen zu machen, werden größere Zusammenhänge deutlich. Sehr eindrucksvoll lässt sich dies in dem Buch "Die kleine Seele spricht mit Gott" nachvollziehen.

So steige aus aus der Verurteilung und lass dich ein auf wirkliche Vergebung, die dein Leben in eine neue Dimension des Seins katapultieren wird.

Die Kraft von Vergebungsritualen ist verblüffend einfach und wirkungsvoll. Besonders empfehlenswert ist diese Form der Vergebung, wenn die Ursache der Verletzung weit zurückliegt oder der Schmerz besonders groß erscheint.

„Vergebung führt zu Unabhängigkeit, Frieden und innerer Freiheit"

Vergebungsritual

Nimm dir einen Zettel und einen Stift und schreibe auf, welcher Person du vergeben möchtest. Notiere deine Absicht der Vergebung in der Gegenwartsform und spüre in dein Herz, was die Absicht in dir auslöst.

Gibt es Zweifel, Unsicherheit oder Groll, der noch in dir wohnt? Entscheide dich bewusst, das Ritual der Vergebung fortzusetzen. Such dir dazu einen Ort, an dem du den Zettel sicher verbrennen kannst. Das kann eine Feuerstelle sein, ein Ort am Wasser oder der heimische Kamin.

Zünde den Zettel an und sieh, wie die Flammen ihn verschlingen.

Werde dir bewusst, dass du den alten Groll, die Verletzungen und den Schmerz jetzt voll und ganz loslässt, um dem Prozess der Vergebung Raum zu geben. Fühle, wie deine Absicht, vergeben zu wollen, im Herzen Resonanz erzeugt und vertraue dem weiteren Verlauf.

Sieh nun die Asche vor dir liegen und folge dem Impuls deines Herzens. Lässt du die Asche dort liegen oder entsorgst du sie an anderer Stelle?

Verabschiede dich von dem Ritual in Dankbarkeit und der tiefen Gewissheit, dass die Vergebung bereits vollzogen ist. Wende dich nun wieder mit voller Aufmerksamkeit deinem Alltag zu.

Fühle nach einigen Tagen in dein Herz hinein. Konntest du tief in deinem Herzen vergeben? Ist die Angelegenheit für dich geklärt und bereinigt? Wenn nicht, schenke dem Prozess noch einige Wochen Zeit, um nachzuklingen.

Gerade tiefe Verletzungen brauchen Raum und Zeit zur vollständigen Heilung, Integration und Vergebung. Sollten die eigenen Rituale und Maßnahmen nicht ausreichen, kann eine individuelle Beratung bei einem geschulten Therapeuten sinnvoll sein.

Lösen von Verstrickungen

Solange wir im Ego leben und danach handeln, erzeugen wir unweigerlich Verstrickungen im zwischenmenschlichen Bereich. Besonders ausgeprägt ist dies in Familien und Partnerschaften, da sich Verhaltensmuster über viele Jahre manifestiert haben. Es entstehen Abhängigkeiten und Energieklau-Strategien, die sich negativ auf die persönliche Weiterentwicklung der einzelnen Familienmitglieder auswirken können. Hier lohnt es sich, hinzuschauen, hinzufühlen und wahrzunehmen, wann ich mich unfrei oder manipuliert fühle.

Die Verstrickungen können auf feinstofflicher Ebene sehr viele unterschiedliche Formen und Ausprägungen annehmen. In geführten Meditationen können diese Verstrickungen in Bildern eindrucksvoll sichtbar werden und im nächsten Schritt gelöst werden. Die Befreiung von diesen oft jahrzehntelang bestehenden Verstrickungen verändert die Beziehung der beteiligten Personen enorm. Denn auch wenn die Mutter oder der Vater vielleicht dominant waren oder zuwenig Raum zur eigenen Abnabelung war, dürfen wir erkennen und wahrhaben, dass sie es uns nicht bewusst schwermachen wollten.

Alle Eltern sind sicherlich bemüht, ihr Bestes zu geben. Dieser Ansatz kann dir hoffentlich ebenfalls helfen, die Anklagen und Beschuldigungen mehr und mehr durch Verständnis und Mitgefühl zu ersetzen.

Übung goldene Acht

Diese Übung kannst du am besten im Sitzen oder Stehen durchführen. Sie ermöglicht dir, dich von energetischen Verstrickungen und feinstofflichen Belastungen zu befreien. Sorge dafür, dass du ungestört bist und genug Ruhe für diese wichtige Ablösung hast.

Schließ deine Augen und beobachte das Ein- und Ausströmen deines Atems.

Fühle die Anbindung an Himmel und Erde und verstärke diese, indem du dich beim Einatmen mit der Sonne oder dem Himmel und beim Ausatmen mit der Erde verbindest.

Sieh dich als strahlendes Lichtwesen, das nun die Trennung von belastenden Energien auf feinstofflicher Ebene vornehmen wird.

Triff die Entscheidung jetzt und stell dir eine goldene Acht vor, in deren einer Hälfte du nun stehst. Platziere in die andere Hälfte die Person, Energie oder Belastung, von deren negativem Einfluss du dich befreien möchtest.

Bitte deine geistigen Begleiter um Unterstützung, indem du nach einem geeigneten Werkzeug fragst, mit dem du die Acht in der Mitte trennen kannst. Lausche auf die Antwort und warte, welches Werkzeug vor deinem inneren Auge erscheint. Es kann eine goldene Schere, eine Axt, ein Schwert oder ein anderer Gegenstand sein, das du nun nutzen darfst, um die Verbindung der goldenen Acht zu trennen.

Sieh dich vor der Trennung bereits in einem geschlossenen Kreis innerhalb der Hälfte der Acht stehen, in dem du sicher und geborgen bist.

Wenn du bereit bist, setze dein Werkzeug ein und trenne die Acht in zwei Hälften. Je nach Impuls oder Wunsch kannst du die Energie oder Person im abgeschnittenen Teil fortschicken und dir vorstellen, dass sie in der Ferne verschwindet.

Löse dich auf allen Ebenen von den Verstrickungen und Blockaden der Vergangenheit und fühle die neugewonnene Freiheit wachsen.

Atme mehrmals tief durch und bedanke dich bei deinen geistigen Helfern für ihre Unterstützung. Bitte um weiteren Schutz und Segen und beende damit diese Übung.

Sternstunde des Aufstiegs

Die in dieser Zeit besondere Konstellation der Gestirne im Kosmos ermöglicht eine Zunahme an Lichtfrequenzen, die eine Beschleunigung der menschlichen Entwicklung mit sich bringt. Niemals war es einfacher, einen erhöhten Bewusstseinszustand zu erreichen.

Im Wandel der Zeit besteht die große Chance der eigenen inneren Verwandlung. Diese bringt die Seele unweigerlich auf ein neues Level der Entwicklungsreise. Durch die lichtvolle Vereinigung von Körper, Geist und Seele und das Ablegen des alten Menschenkleides wird das große Wunder des Aufstiegs möglich. Wie mit einem Fahrstuhl erreichst du mühelos höhere Ebenen deines wahren Seins und verkörperst damit den erwachten Zustand deiner Seele. Das Ziel dieser wundersamen neuen Erfahrung ist die Verschmelzung mit dem großen Ganzen und die Heimkehr in dein wahres Zuhause, das im Einssein seinen Ausdruck findet.

Macht dir diese Vorstellung Angst oder ruft sie ein Frohlocken hervor? Der Prozess des Aufstiegs ist angenehm, leicht und ermöglicht dir ein Wirken auf größeren Ebenen. Halte es für möglich, deinen Körper in transformiertem Zustand mit auf Reisen zu nehmen, die du bislang nie für möglich gehalten hättest. Die Zeit ist reif für das große, kollektive Erwachen. Jede Seele kann die Entscheidung treffen, sich für den Aufstieg ins Licht vorzubereiten. Indem du dein Schwingungslevel stetig erhöhst und dich freimachst von allen Definitionen der Vergangenheit, die bisher dein Leben bestimmt haben, kannst du Meister der Verwandlung sein. Reisen durch Raum und Zeit werden möglich, wenn du dich selber nicht mehr begrenzt. Der Vorhang zu den lichtvollen Dimensionen wird dünner, so dass der Zugang in diesen Zeiten immer leichter fällt. Die Begleiter deiner Seele helfen dir beim Übergang in die lichten Reiche und weisen dir den Weg. So vertraue, lass los und freue dich auf eine neue Dimension des Seins!

Der Weg zum Aufstieg ins Licht ist bereitet. Setze einen Fuß vor den anderen und beschreite den goldenen Pfad deiner wahren Bestimmung.

Kehre heim mit frohem Herzen und feiere die Vereinigung mit vielen anderen Lebensströmen. Alle Brüder und Schwestern des Lichts warten auf deinen Eintritt durch das goldene Tor der Freiheit!

"Das Tor der Freiheit erlöst dich vom Rad der Wiedergeburt. Es führt dich zum Ursprung allen Seins."

Der Zauber der Verwandlung

Das Durchlichten der verschiedenen Aspekte deines Lebens bringt großartige Veränderungen mit sich. Du bist jetzt nicht mehr gefangen in der alten Realität, sondern kannst dich von nun an vollkommen neu erfinden. Bring dein wahre ICH zum Strahlen und verweile in dem lichtvollen Zustand in jeder Sekunde deines Seins.

Vervollkommne dein Leben nach dem großen Seelenplan und genieße den Zauber der Verwandlung, der nun geschehen darf. Als Schöpfer deiner neuen Lebenswirklichkeit kannst du alle Bereiche deines Lebens veredeln und einstimmen auf die große Transformation ins Licht. Ist es nicht wundervoll, neue Seiten an dir zu entdecken und deine wahre Größe anzuerkennen? Du bist die Königin, der König in deinem Lebensreich, das du gestalten darfst. Nimm die dir innewohnende Macht wieder an, lebe sie mit jeder Faser deines Seins und durchströme Körper, Geist und Seele mit reinster Liebe und göttlichem Licht.

Eine lichtvolle Zukunft wird vor dir liegen, wenn du den Impulsen deines Herzens folgst. Bring Licht ins Dunkel der Unbewusstheit und du wirst den glorreichen Sieg erringen. Erkenne die Fallstricke deines Egos und lebe konsequent dein wahres Selbst. Im ICH BIN Bewusstsein bist du angeschlossen an die Liebe des Universums, der Urquelle allen Seins. So halte dein Energielevel aufrecht, um den Sprung in neue Dimensionen vorzubereiten.

Die Befreiung vom Ego

Auf dem Weg der Selbsterkenntnis begegnen wir immer wieder Hindernissen, die uns an der Weiterentwicklung behindern. Ein wesentlicher Grund ist die Anhaftung an unserem Ego, mit dem wir uns zu sehr identifizieren. Wir sind der Meinung, dass wir der Mensch aus Fleisch und Blut "sind", obwohl der Körper uns lediglich als Erfahrungswerkzeug dient, den wir "bewohnen" und ihn mit dem Tod schließlich wieder ablegen.

Das Ego hält uns den Spiegel vor, wenn wir in unseren alten Verhaltensmustern gefangen sind, ist aber gleichzeitig stets bemüht, uns vom Erwachungsprozess abzuhalten. Denn das Ego sieht sich als Nabel der Welt, will gehegt und gepflegt werden und plustert sich allzu oft wie ein Gockel auf, um ja nicht übersehen zu werden. Hier ist unsere Wachsamkeit gefordert zu erkennen, wann wir im Ego-Modus leben und wann wir der inneren Stimme oder unserem höheren Selbst folgen. Denn das Ego ist einfallsreich und trickst uns nicht selten mit einer scheinbaren Intuition aus, die sich in Wahrheit als ein Machtspiel in uns selbst entpuppt.

Erkennen wir diese Verstrickungen mit dem Ego, können wir uns bewusst mit der höheren Weisheit, der Stimme unseres Herzens verbinden. In der wahren Absicht, dem Ruf des Herzens zu folgen, schaffen wir die besten Voraussetzungen für eine Anbindung an die höheren Ebenen unseres Seins. Dann sind wir uns der göttlichen und unsterblichen Kraft in uns gewahr, die unser großes Selbst oder wahres Sein ausmacht. Um es sich nicht mit dem Ego zu verscherzen, ist es ratsam, es wertzuschätzen, an die Hand zu nehmen und ihm ab und zu den Bauch zu pinseln. Warum sollten wir das Ego in uns selbst nicht feiern und ehren und unseren Körper toll finden? Entscheidend ist dabei, sich bewusst zu sein, dass wir in Wahrheit mehr sind als das irdische Menschenkind.

Wir sind ein strahlendes Lichtwesen, das jederzeit aus der Rolle des Egos schlüpfen kann, um die eigene Position aus der Beobachterrolle zu betrachten. Mit diesem Abstand fällt es leichter, Dinge und Zusammenhänge zu erkennen, zu relativieren und weniger gefangen in der einfachen Dimension zu sein.

So tritt innerlich zurück und stell dir vor, wie du dich von außen betrachtest. Werde zum Beobachter deiner selbst und finde eine neue Betrachtungsweise dir und dem Leben gegenüber. Erwachse damit zu deinem wahren Selbst, das durchschaut, überblickt und erkennt. Auf diese Weise befreist du dich von deinem Ego und seiner alleinigen Herrschaft. Dieser Prozess braucht Raum, Zeit und vor allem viel Übung in der Umsetzung.

Beginne mit der Betrachtung deines Körpers in einer Meditation und versuche im Anschluss auch in Alltagssituationen immer mal wieder Abstand von deiner körperlichen Identifikation zu nehmen. Gerade in herausfordernden Situationen kann es sehr hilfreich zu sein, kurz innezuhalten und das Ganze von außen zu betrachten.

Atme tief, werde ruhig und tritt innerlich einen Schritt zurück, um dein Ego zu verlassen. Werde auf diese Weise unangreifbar und lass auch deine eigenen Unvollkommenheiten zurück. Jede Beurteilung und Bewertung senkt dein Energielevel und katapultiert dich schneller an den Anfang der Entwicklung zurück als du zu glauben vermagst.

Versöhne dich mit dir und deinem Umfeld. Schaffe Frieden in dir und erzeuge eine Atmosphäre der Wahrheit, Klarheit und Reinheit. "Sei du selbst die Veränderung, die du dir wünschst für diese Welt", lautet ein bekanntes Sprichwort von Mahatma Gandhi.

Verabschiede dich von den Konflikten der Ego-Manie in dieser Welt und präge deine eigene Wirklichkeit durch einen neuen Umgang mit den Geschenken deiner einzigartigen Schöpfernatur.

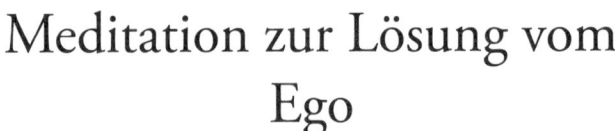

Meditation zur Lösung vom Ego

Komm zur Ruhe und besinne dich auf dich selbst.
Atme tief und atme sanft. Lass dich ganz erfüllen
von der Lebendigkeit deines Atems. Tauche ein
in eine tiefe Entspannung, die dir Ruhe und
Geborgenheit schenkt.

Fühle deinen physischen Körper und schenke ihm
deine volle Aufmerksamkeit. Dieses Wunderwerk
an Zellen, Organen, Nerven und komplexen
Funktionskreisen steht deiner Seele in diesem
Leben zur Verfügung, um wertvolle Erfahrungen zu
machen.

Spüre Demut und Dankbarkeit in dir wachsen
und schicke den Dank jetzt ganz bewusst in deinen
Körper.

In diesem Leben definierst du dich über diesen
physischen Leib, fühlst dich mit ihm verbunden
und identifizierst dich vielleicht sogar mit ihm.
Dein Ego ist eng mit ihm verknüpft und ahnt
meist gar nicht, welch wundervolles, göttliches
Wesen du in Wahrheit bist.

So werde dir bewusst, dass du viel größer bist, als

dein Ego zu glauben vermag.
Begib dich dazu in die Vogelperspektive und blicke
mit etwas Abstand auf deinen Körper, der hier
entspannt in diesem Raum liegt oder sitzt.

Lass Ruhe einkehren in dein Herz, beobachte, fühle
und staune, welch Wunder sich dir offenbaren
möchte.

Die Zeit ist reif, dich als vollkommene, lichtvolle
Seele zu erkennen, die ohne die Einflüsse des Egos
so viel Wissen in sich trägt.

So löse dich nun bewusst von der irdischen
Identifikation mit deinem momentanen Körper
und dem Ego, indem du dich weiterhin von außen
betrachtest. Nimm wahr, wie begrenzt deine
Gefühle, Worte und Handlungen sind, wenn du
aus dem Ego heraus lebst und wirkst. Werde dir
bewusst, dass du jeden Moment die Wahl hast, aus
welcher Ebene heraus du deinen Alltag gestaltest.

Dein höheres Selbst steht bereit, dich zu führen
und zu leiten, wenn du den Impulsen deines
Herzens vertraust. So höre auf die Stimme deines
Herzens und pflege den Austausch mit deinem
wahren Wesenskern.

Du bist viel mehr als du glaubst und kannst dich jetzt von allen Definitionen und Begrenzungen deines Egos befreien.

Tauche ein in dein strahlendes ICH BIN-Bewusstsein deiner wahrhaftigen Seelenqualität.

Kehre nun in deinen Körper zurück und atme tief und atme sanft. Fühle beim Einatmen das ICH und beim Ausatmen das BIN.

Schenke dieser Atmung noch einige Zeit deine Aufmerksamkeit und komm anschließend wieder ganz im Hier und Jetzt an.

Rekele dich, bewege deinen Rücken am Boden und öffne dann ganz langsam deine Augen.

Die Sanftheit deiner Seele schenkt dem Ego Raum, ohne sich einengen zu lassen. Lass dein Ego spielen, tanzen und glücklich sein, aber identifiziere dich nicht mit ihm, denn es spiegelt nur einen kleinen Teil von dir wider, stellt eine Facette eines Schauspielers dar, dessen Rolle du in dieser Inkarnation spielst.

Lerne zu fühlen, wann du im Alltag vom Ego gelenkt wirst und wann du deinem Seelenplan folgst. Je größer dein Vertrauen in die Weisheit deines Herzens wird, desto leichter kannst du dich mit deinem wahren Wesenskern verbinden.

So werde frei, lebe deine wundervolle Größe und schmunzle über die Spielchen, die dein Ego dir präsentiert. Erhebe dich über den Zwiespalt und die scheinbare Realität deiner einzigartigen Persönlichkeit.

"Erkenne des Zauber deiner Seelenweisheit und lebe die wahre Essenz deines Seins."

Die Fallstricke des Lebens

Sie sind subtil und beeinträchtigen doch in großem Ausmaß das Leben auf Erden, die kleinen und großen Fallstricke. Gemeint sind Unwegsamkeiten auf unserem Lebensweg, die uns allzu oft zu Fall bringen oder uns zumindest stolpern lassen.

Wo kommen sie denn her, fragst du dich? Sie entstehen meist aus Unbewusstheit und aus negativen Gedankenmustern, die entsprechende Resonanzfelder erzeugen. Somit sind wir selber Verursacher ungünstiger Lebensumstände, wenn wir über längere Zeiträume das innere Seelenwohl nicht beachten und in alten Denkweisen verharren.

Eine bewusste Seele ist sich über ihre Gedanken- und Gefühlswelt im klaren und kann in jeder Sekunde positiven Einfluss nehmen. Als erwachter Mensch bist du in jedem Moment aufmerksam und präsent, im inneren Gewahrsein des Augenblicks. Du sendest ausschließlich wohlwollende, liebevolle und segensreiche Gefühle und Gedanken aus, die sich in deinem eigenen Lebensumfeld widerspiegeln und deine eigene Realität günstig beeinflussen. Je lichtvoller dein Sein und dein Wirken ist, desto weniger Fallstricken wirst du in deinem Leben begegnen.

Wachsamkeit ist der Schlüssel zum Umgang mit Unwegsamkeiten, Fallstricken und Hindernissen auf deinem Lebensweg. Lausche immer in dein Herz, wenn Situationen oder Menschen

Unbehagen in dir auslösen. Denn nicht nur du selber erzeugst Fallstricke, auch andere Menschen oder Energieformen können dir bewusst Steine in den Weg legen.

So sei auf der Hut, wenn dein Herz dir den entsprechenden Hinweis gibt. Durchleuchte dein Gegenüber und durchschaue seine Absichten. Es hat nichts mit übertriebenem Misstrauen zu tun, wenn du gut auf dich und deine Lieben aufpasst. Licht und Schatten liegen dicht beieinander in dieser vielfältigen Welt der Dualität.

Gerade in dieser Zeit der Transformation kommt viel ans Licht, was zuvor Jahrzehnte oder gar Jahrhunderte im Verborgenen geschah. Nun wird es sichtbar, ruft nach Verwandlung und Vergebung. So vergib auch deinen Widersachern, die deinen Weg ins Licht behindern wollen.

Doch lass dich nicht beirren, geh deinen Weg voller Liebe, Klarheit und Mut. Deine Strahlkraft hat die Macht, alle Fallstricke aufzulösen, bevor sie dich ins Straucheln bringen. Bleibe wachsam, klar und voller Liebe. So schreitest du leichtfüßig voran, um das goldene Tor der Freiheit zu erreichen.

Kritik als Entwicklungs-Booster

Mal Hand aufs Herz: Fällt es dir leicht, Kritik anzunehmen oder auszusprechen? Viele Menschen tun sich mit beidem schwer, denn es bringt einen aus der Komfortzone raus und konfrontiert einen mit eigenen Schwächen oder Unzulänglichkeiten.

Dabei ist es sehr wertvoll, ab und an den Spiegel vor die Nase gehalten zu bekommen, der aufzeigt, wo noch Veränderungsbedarf besteht. Denn nicht immer sind uns die Auswirkungen unseres eigenen Verhaltens bewusst. Wie überrascht sind wir häufig, wenn sich jemand durch unsere Art zu sprechen verletzt fühlt, obwohl wir dies in keinster Weise beabsichtigt hatten. Oder wir legen Verhaltensweisen an den Tag, die beim Gegenüber ein großes Unbehagen auslösen, uns aber dies erst bewusst wird, wenn er es ausspricht.

Es gibt unendlich viele Beispiele, wo wir mit unserer Art auf Kritik stoßen können. Dann stellt sich die Frage: Wie gehe ich damit um? Fühle ich mich vor den Kopf gestoßen, an den Pranger gestellt oder gar tief verletzt, minderwertig und klein? Oder lasse ich die kritischen Worte gar nicht an mich heran, lenke ich ab mit Gegenkritik, stelle ich mein Gegenüber in Frage und rechtfertige meine Position? All diese Reaktionen zeugen von einer Anhaftung im Ego-Modus, da wir unser Verhalten nicht reflektieren und als Impuls zur Erkenntnis nutzen. Statt dankbar und vielleicht überrascht die geäußerte Kritik als wertvolle Hinweise zu betrachten, gehen wir über zum Angriff oder Rückzug. Dabei wäre ein konstruktiver Austausch die wahre Lösung in dieser Situation, denn nur dadurch kann das Gegenüber seine Kritik begründen und auf Fragen eingehen. Der Kritikgeber fühlt sich in diesem Fall gesehen und ernst genommen, was ein wichtiger Punkt ist, um aufkommende Unzufriedenheit oder weitere Eskalationen zu vermeiden. Entscheidend ist natürlich grundsätzlich ein reifes Verhalten im Umgang der Worte und des Ausdrucks.

Wer ständig meckert und kritisiert und dabei ungeduldig, anklagend oder gar laut wird, braucht sich über ein Verschließen oder einen Gegen-Angriff seines Konflikt-Partners nicht zu wundern. Lerne Kritik als Entwicklungs-Booster zu betrachten, der dich mit deinen Schatten-Anteilen konfrontiert. Fühle dich nicht mehr angegriffen, verlasse die Rolle deines Egos und schätze den Wert des vorgehaltenen Spiegels. Steh zu deinen Fehlern oder Unzulänglichkeiten und räume sie ein. Schau sie an und gestehe dir ein, dass du sie bislang verdrängt oder fehlinterpretiert hast. Nimm die Hinweise deines Kritikgebers an, lass sie auf dich wirken und versetze dich in die Lage deines Gegenübers.

Verbinde dich über den Atem mit deinem ICH BIN-Bewusstsein und löse dich von alten Strukturen der Vergangenheit. Über viele Jahre oder gar Jahrzehnte haben sich Verhaltensstrategien entwickelt, die du nun durchbrechen darfst. Du bist aufgefordert, den Tanz der Veränderung zu wagen. Kritik fordert dich immer dazu auf. So werde mutig, werde geschmeidig und sieh die Chance der persönlichen Weiterentwicklung.

Konflikte meistern

Immer wieder entstehen im zwischenmenschlichen Bereich Konflikte, die das Potential haben, eine Eskalation nach sich zu ziehen, wenn es nicht gelingt, mit Ruhe und Erkenntnis diesem Konflikt entgegenzutreten. Wie entsteht ein Konflikt, und wie sieht ein sinnvoller Umgang damit aus? Konflikte haben ihre Wurzel meist in Missverständnissen, unterschiedlichen Ansichten oder stereotypen Verhaltensmustern.

Welten prallen aufeinander, wenn Situationen unterschiedlich eingeschätzt oder wahrgenommen werden. Häufig verharren beide Seiten stur an ihrer Ansicht auf die Dinge, sind im Ego-Modus gefangen und verlieren damit den übergeordneten Blick auf die wahren Ursachen, die dem Konflikt zugrunde liegen. Hilfreich wäre es, wenn alle Beteiligten in der jeweiligen Konflikt-Situation bewusst eine neue Haltung einnehmen. Statt auf dem eigenen Standpunkt wie eingefroren zu verharren, können wir uns dafür entscheiden, die Angelegenheit mit Abstand zu betrachten und zum Beispiel die Vogelperspektive einzunehmen.

Tritt also innerlich zurück und sieh dir dieses Schauspiel von oben an. Kreise wie ein Adler über euren Köpfen und bitte um einen klaren, wachen Blick, der beide Seiten von außen durchschaut. Gewinne dadurch Abstand, gewinne Zeit und befreie dich im Nu von deinen Verhaftungen mit dem Ego-Bewusstsein. Erhebe dich in einen Zustand der übergeordneten Wahrnehmung, der Erkenntnis und des wohlwollenden, friedvollen Bewusstseins. Suche nach Lösungen und Deeskalations-Strategien, die du nun anwendest, ohne dich selbst dabei aufzugeben. Du handelst nun aus deinem höheren Selbst, und das macht einen entscheidenden Unterschied. Denn auf dieser Ebene fühlst du dich nicht mehr angegriffen und verletzt, sondern erkennst das Ganze als Spiel mit dem großen Potential persönlicher Weiterentwicklung.

In Krisenzeiten zeigt sich überdeutlich und unverkennbar, auf welcher Stufe deiner inneren Entwicklung du dich befindest. Bleibst du in den Klauen deines Egos gefangen, reagierst du stereotyp, unflexibel und schaukelst dich mit deinem Konfliktpartner in weitere Eskalationsstufen? Dann lass dir sagen, dass es einen einfachen Ausweg gibt. Schließe dich an an deinen Atem und bring dich in den Zustand des ICH BIN-Bewusstseins. Drücke damit die Pausetaste und verinnerliche, dass du es in der Hand hast, diesmal anders zu reagieren.

Löse dich von alten Verhaltensstrategien und dem Wunsch, Recht haben zu wollen. Befreie dich von den Zwängen der Vergangenheit. Die Dauerschleifen deiner ehemals erlernten Verhaltens,- und Denkmuster verhindern Erkenntnis und verhindern das große Erwachen deiner Seele hier auf Erden. Fall nicht herein auf Spielchen deines Egos. Es will dich festhalten auf deinem niederschwingenden Level, da es nichts mehr fürchtet, als die Kontrolle zu verlieren.

Und so sind Konflikte eine hervorragende Möglichkeit der Selbsterkenntnis. Wie verhaftet bin ich in meinem Ego? Welchen Einfluss hat es auf mein Tages-Bewusstsein? Gibt es

Anteile eines verletzten inneren Kindes, das sich nicht wahrgenommen und verstanden fühlt? Kommen alte, unverarbeitete Traumata hoch, die mit der aktuellen Situation in Resonanz gehen? Sei ehrlich mit dir, mach dir selbst nichts vor und schau der Angelegenheit mutig ins Auge. Strahle den Wunsch aus, eine Lösung zu erkennen und lausche unvoreingenommen in dein Herz hinein. Es zeigt dir den Weg in ein wahrhaftiges, authentisches Sein, in dem du Konflikten erwachsen begegnen kannst und dein Erwachen förderst.

Verharre nicht mehr im alten Umgang mit Konflikten, sondern löse dich voll und ganz von der Starrhalsigkeit, Unbeweglichkeit und aller Rechthaberei. Suche Wege aus dem unbewussten Leidens-Modus in dein waches Schöpfer-Bewusstsein. Nutze all deine Möglichkeiten, dich neu zu definieren, Frieden zu schließen und neue Wege der Konflikt-Bewältigung zu gehen.

Die Zeit ist reif für den Schritt in eine Welt voller Verständnis, Freiheit, Freude und bedingungsloser Liebe. Öffne dein Herz für deinen Transformationsprozess und sei ein strahlendes Vorbild göttlicher Verwandlung.

"Jeder Konflikt konfrontiert dich mit deinen eigenen Schattenthemen."

"Konflikte verdeutlichen den Stand deiner persönlichen Entwicklung."

"Wer Konflikte braucht, ist im Ego gefangen"

Die Befreiung von der Angst

Nicht nur das Ego, auch die Angst kann zu einem echten Hemmschuh auf dem Weg der eigenen Entwicklungsreise werden. Wie sehr sich dies auswirken kann, zeigt folgende Geschichte:

Es war einmal vor langer, langer Zeit in einem kleinen Dorf in Arabien ein Schuster, der in ärmlichen Verhältnissen lebte, seiner Arbeit aber mit großer Freude und Leidenschaft nachging. Eines Tages trug es sich zu, dass eine ältere Frau seinen Laden betrat, die mit einem dicken Wollschal bekleidet war und ein Kopftuch trug, das ihr tief ins Gesicht hing. Sie blickte sich suchend um und fand schließlich ein kleines Paar Babyschuhe, das sie dem Schuster abkaufte. Nachdem die Frau verschwunden war, betrat ein neuer Kunde den Laden. Es war ein stattlicher Mann mit einem teuren Gewand, der sich hektisch umblickte und schnell nach ein paar golden verzierten Damenschuhen griff. Auch er verließ das Geschäft des Schusters und vergaß die Tür zu schließen. Als der Schuster zur Tür ging um sie zu schließen, vernahm er ein jämmerliches Schluchzen, das aus einem Kellerfenster kam. Er ging darauf zu und blickte auf einen kleinen Jungen, der zusammengekauert in einer Ecke des Kellerraums saß. Vor ihm stand ein Krug mit Wasser und auf dem Boden waren einige Pfützen zu sehen. Der Schuster sprach den Jungen an und fragte,

warum er denn so traurig sei. Daraufhin antwortete der Junge, dass Kinder ihm seinen Fisch geklaut hatten, den er am Morgen mit seinem Großvater gefangen hatte. Unglücklich blickte er dem Schuster in die Augen, der von der tiefen Traurigkeit ganz ergriffen war. Bevor er etwas sagen konnte, brach es unter Tränen aus dem kleinen Jungen hervor, was ihn belastete. Er war früh am Morgen mit seinem Großvater aufgebrochen, um angeln zu gehen. Seine Mutter lag krank im Bett und wusste nichts von seinem Vorhaben. Sie war sehr besorgt, als sie aufwachte und ihr Sohn verschwunden war. In ihrer Sorge lief sie auf die Straße und rief nach ihm. Als auch nach Stunden noch kein Lebenszeichen von ihm zu sehen war, rief sie die Polizei und alarmierte alle Nachbarn der gesamten Gegend, nach ihrem Kind zu suchen. In ihrer Sorge vergaß sie ihre eigene Krankheit und war getrieben von Angst und Panik um ihr Kind. Sie irrte durch die Gassen, bis sie schließlich ohnmächtig zu Boden sank. Als die Polizei sie fand, durchsuchten sie ihre Taschen, um den Namen und die Anschrift herauszufinden. Dabei entdeckten sie einen kleinen Zettel auf dem Stand:
Bin mit Opa angeln, komme heute Nachmittag wieder. Jesaya

Den Zettel hatte der Junge ihr im Schlaf auf den Bauch gelegt, als er morgens in der früh das Haus verließ, damit sich die Mutter keine Sorgen machte. Diese hatte den Zettel nur gedankenverloren eingesteckt, aber nicht auf den Inhalt geachtet. Als der Junge nun nach dem Angeln stolz mit dem Fisch nach hause kam, war seine Mutter nicht da, worauf er voller Panik mit dem Eimer auf die Straße lief, um nach ihr zu suchen. Zwei Jungs kamen hinzu und boten ihre Hilfe an. Einer lief die Straße hinunter, der andere passte auf den Eimer mit dem

Fisch auf. Jesaya rief immer wieder den Namen seiner Mutter und erfuhr schließlich von einer Frau mit einem dicken Schal und einem Kopftuch, dass seine Mutter ins Krankenhaus gebracht worden sei. Dort habe sie selber gerade ihre Nichte besucht, die ein Baby bekommen habe und gesehen, dass eine geschwächte Frau mit dem Namen Jesayas Mutter eingeliefert worden sei.

Sofort machte sich Jesaya auf den Weg ins Krankenhaus und vergaß vor lauter Angst die beiden Jungs. Im Krankenhaus angekommen, erfuhr er, dass seine Mutter noch nicht wieder bei Bewusstsein sei und erst einmal in Ruhe gelassen werden musste. Verzweifelt und niedergeschlagen machte sich Jesaya auf den Weg nach hause. Unterwegs traf er auf einen gut gekleideten Mann, der es eilig zu haben schien. Er hatte eine Tüte bei sich, aus der es nach frischem Fisch roch. Da erinnerte sich der Junge an seinen gefangenen Fisch, den er bei den Jungs vergesssen hatte. Schnell lief er zu der Stelle, wo sie sich getrennt hatten und sah den Eimer am Straßenrand stehen. Als er ihn anhob, bemerkte er, dass der Fisch nicht mehr im Wasser lag. Von den beiden Jungs fehlte jede Spur. Traurig nahm er den Eimer und ging mit geneigtem Haupt nach hause zurück. Jesaya putzte sich die Nase und schaute betrübt in das Wasser in seinem Eimer. Der Schuster hatte großes Mitgefühl mit dem Jungen und lud ihn ein, mit zu ihm in seinen Laden zu kommen. Jesaya nahm die Einladung dankbar an, schrieb einen Zettel und legte ihn auf den Küchentisch. Dann gingen die beiden die Straße hinauf. Plötzlich huschten zwei kleine, dunkle Gestalten vor ihnen über die Straße und etwas klimperte auf der Straße. Als sie näherkamen, sah Jesaya, dass es sich um einen Silbertaler handelte. Er hob ihn auf und zeigte ihm dem Schuster, der ihn in die Hand nahm und sehr interessiert betrachtete. Es handelte sich um eine Münze mit einer speziellen Gravur eines Adlers darauf, die Jesaya noch nie zuvor gesehen hatte. Der Schuster hob die Augenbrauen und erzählte, dass ein Kunde von ihm mit diesen Silbermünzen zu zahlen pflegte. Gerade heute habe er bei ihm ein paar Schuhe gekauft und mit diesen Münzen gezahlt. Als sie gerade schauen wollten, wer die Münze verloren hatte, kam ein Junge um die Ecke, der das ganze beobachtet hatte und sagte, dass zwei Jungen einem reichen Mann einen frischen Fisch aus einem Eimer verkauft hätten. Jesaya verstand auf einmal, um wen es hier ging und lief auf das Haus zu, in dem die Schatten verschwunden waren. In einer Ecke gekauert saßen die beiden Jungen und blickten ihn verstohlen und reumütig an.

Jesaya spürte ihre Angst und ihr Unbehagen. Seine erste Wut verrauchte daraufhin in sekundenschnelle und er hatte Mitgefühl mit den beiden Kameraden. Statt sie zu schelten, fragte er nur, warum sie das getan hätten. Die Jungs versicherten, dass sie den Fisch gerade nach hause bringen wollten, um ihn kühl zu lagern, als ein hektischer gutgekleideter Mann sie angesprochen habe und den Fisch kaufen wolle, um ihn seiner Familie zum Abendbrot zu bringen. Es sei ihnen nicht gelungen ihn loszuwerden. Er habe ihnen einen Silbertaler in die Hand gedrückt, den Fisch in eine Tüte getan und sei dann schnellen Schrittes weitergegangen. Die beiden waren erleichtert, als sie merkten, dass Jesaya es ihnen nicht übelnahm. Sie verabschiedeten sich und der Schuster und Jesaya erreichten nach kurzem Wegmarsch den Laden. Dort angekommen kochte der Schuster einen Tee und die beiden setzten sich gemütlich auf ein Sofa, das im hinteren Bereich des Ladens stand. Der Schuster lobte Jesaya für seine Reaktion auf den Raub des Fisches und überreichte ihm den Silbertaler.

"Dieser Taler soll dich daran erinnern, dass Mitgefühl eine große Tugend ist. Angst hingegen sorgt für Unsicherheit, Kopflosigkeit und irrationales Handeln, wie du heute an verschiedenen Stellen erlebt hast. Mut und Besonnenheit sind deutlich bessere Ratgeber als Angst und Panik. Gerade in Krisen und Ausnahmesituationen hilft es mehr, einen kühlen Kopf zu bewahren und erst einmal tief durchzuatmen, um zu überlegen, welche Schritte sinnvoll wären, um die Lage zu verbessern. Angst verhindert klares Denken und damit sinnvolle Entscheidungen. Sie hilft nicht, Lösungen zu finden, sondern sorgt für Verwirrung, sowohl im Inneren als auch im Äußeren."

Jesaya ließ diese Worte auf sich wirken und erinnerte sich noch einmal an alle Erlebnisse der vergangenen Stunden. Er lächelte und nickte mit dem Kopf.

Er bedankte sich für den Tee und lief beschwingt und erleichtert nach hause, wo seine Mutter auf ihn wartete. Sie war aus dem Krankenhaus entlassen worden, hatte den Zettel gelesen und freute sich, ihren Jungen so glücklich zu sehen. Beide fielen sich in den Arm und verbrachten einen gemütlichen Abend, bei dem Jesaya ihr von seinen Erkenntnissen berichtete.

Diese Geschichte verdeutlicht, wie kopflos die Angst macht und wie schnell sie die Ordnung zu stören vermag. Angst reißt uns aus der Mitte heraus, raubt den Atem und die Fähigkeit, klar zu denken. Sie ergreift uns in Sekunden, wenn wir uns nicht schützen und schwächt unser Energiesystem von einem Augenblick auf den anderen.

Angst verhindert Gefühle der Liebe und des Vertrauens, macht klein und ohnmächtig. Viele Ängste haben ihre Wurzeln in frühester Kindheit und begleiten uns auf Schritt und Tritt, ohne dass sie uns besonders bewusst sind.

Es sind diese diffusen Ängste, Zweifel und Unsicherheiten, die wir als normal erachten, die aber zu großen Hindernissen auf dem Weg zu unserem wahren Wesen werden können. Denn immer, wenn ich mich klein und unfähig fühle, bin ich im Schatten meines wahren Selbst gefangen.

So wie das Ego gilt es auch die Angst hinter sich zu lassen und in einem Zustand des erlösten, befreiten Geisteszustands zu bleiben, der es einem ermöglicht, große Schritte in Richtung Vollkommenheit und Glückseligkeit zu gehen.

Dabei spielt es keine Rolle, um welche Art von Ängsten es sich handelt und seit wann und warum sie uns belasten. Viele unserer Ängste wurden bereits seit Generationen an uns weiter gegeben. Sie ziehen sich wie ein riesiger Hemmschuh durch das gesamte Leben.

Es ist höchste Zeit, diesen Klotz am Bein loszulassen und endlich seine wahre Natur zu entdecken und zu entfalten. So triff die Entscheidung hier und jetzt, dich von all deinen Ängsten zu befreien! Lass nicht mehr zu, dass alte Energiemuster dich an deiner persönlichen Weiterentwicklung hindern.

Streife deine alten Kleider ab und tritt als strahlender Sieger einer neuen Wirklichkeit hervor, in der du die beste Version deines Selbstes erfüllst. Bring dein göttliches Licht zum Strahlen und genieße die neugewonnene Freiheit in Fülle, Lebendigkeit und Liebe.

"Liebe entzieht der Angst die Macht"

„Im Feuer der Liebe schmilzt jede Angst dieser Welt"

Meditation zur Befreiung von der Angst

Schön, dass du dir Zeit für dich selber nimmst und dich befreien möchtest von den Fängen der Angst. Leg dich entspannt auf den Rücken oder setz dich bequem hin, so dass du dich wohl und geborgen fühlst. Schließ deine Augen und lass deinen Geist zur Ruhe kommen.

Beobachte die Bewegung deines Atems im Brustkorb oder im Bauch und begleite das lebendige Strömen in dir mit einem feinen Lächeln. Sende mit jeder Ausatmung Licht und Liebe in deinen gesamten Körper und flute jede Zelle mit dieser Information. Stell dir vor und fühle, wie du beim Einatmen reine, lichtvolle Energie in dich aufnimmst.

Werde dir bewusst, dass du ein Lichtwesen bist, das sich in erster Linie von Licht, Liebe, Sauerstoff und Wasser ernährt. Du bist rein, du bist klar und du bist vollkommen, so wie du bist. Lass nicht zu, dass dunkle Schatten deine Strahlkraft verringern und schütze dich vor den Einflüssen der Angst. Angst schwächt dein Energiefeld und kann sich in der Aura manifestieren. Sie sitzt manchmal auch im Nacken, im Rücken oder in den Nieren und hindert dich an deiner Potentialentfaltung und dem Voranschreiten auf dem Lichtweg.

Werde dir bewusst, dass du die Entscheidung treffen kannst, dich von der Angst zu lösen. Du kannst dir hier und jetzt gewahr werden, dass Angst nur eine Illusion ist, die der Liebe und dem Licht nicht standhalten kann.

Stell dir nun eine wunderschöne Waldlichtung vor, die im Licht der Sonne erstrahlt. Begib dich auf diese Lichtung, spüre das Gras unter deinen Füßen und atme die sauerstoffreiche, würzige Waldluft ein. Triff hier und jetzt die Entscheidung in deinem Herzen, die Angst einfach hinter dir zu lassen. Fühle die Entschlossenheit, den Mut und den starken Willen, den wichtigen Schritt in die wohlvediente Freiheit zu wagen.

Und so tritt hervor, geh einige Schritte auf der Waldlichtung nach vorne und lass die Angst hinter dir. Löse dich von den Schatten, Blockaden und Zwängen, die sie dir gebracht hat. Trau dich, deinen gesamten Körper zu drehen und der Angst ins Gesicht zu sehen. Ja, du kannst es dir zutrauen, denn du bist nicht allein. Deine geistigen Begleiter unterstützen dich bei diesem mutigen Schritt, wenn du sie darum bittest. So schau zurück und blicke die Angst an. Was kannst du erkennen? Einen Schatten? Eine Gestalt? Eine dunkle Wolke oder etwas anderes? Durchdringe die Angst mit deinem Blick und halte aus, was du siehst. Angst ist nur dort, wo keine Liebe ist, vergiss das nicht.

So fühle, wie das Licht und die Liebe in dir wächst, indem du dich für das Licht, für die Liebe und für die Freiheit entscheidest. Durchlichte und durchleuchte dein ganzes Sein und sende es in Richtung der dunklen Angst, die im Abstand vor dir steht und dir nichts mehr anhaben kann. Fühle, wie ihr Einfluss schwindet, wie das Dunkle heller wird und sie ihr niedriges Schwingungslevel nicht halten kann. Blasser und blasser wird die Angst, bis sie sich wie von Zauberhand im Licht deiner göttlichen Ausstrahlung auflöst.

Atme tief durch, spüre in deinen Körper und dein Energiefeld hinein und erlebe die neue Freiheit und Leichtigkeit in dir wachsen. Fülle den Raum, den die Angst eingenommen hatte mit Wärme, Wohlgefühl und Geborgenheit oder anderen Eigenschaften, die dir gerade in den Sinn kommen. Dehne dich aus und gestalte deinen Tempel der Seele neu. Du allein bist der Gestalter deines Lebens, fühle dies mit jeder Faser deines Seins.

Und so bewege nun deinen Körper in der wohligen Gewissheit, dass du nun frei von Angst in deinen Alltag zurückkehrst. Atme noch einmal tief durch und öffne dann langsam deine Augen.

Wo die Liebe ist, kann die Angst nicht sein, denn sie löst sich einfach auf, wenn du sie damit konfrontierst. Erkenne die Ängste in dir und nimm sie an als einen Teil deiner Prägung und Vergangenheit. Durchschaue ihren Plan und identifiziere dich nicht mehr mit ihnen. Sie haben dich viele Jahre über Inkarnationen hinweg begleitet, dich vor Gefahren beschützt, aber auch unsägliches Leid verursacht.

Verabschiede dich in Frieden und bitte dein höheres Selbst, von nun an Angst nur noch als Frühwarnsystem bei Gefahr an dich heranzulassen, um dich vor Schwierigkeiten zu bewahren. Möge dieses in Zukunft als Sicherheits-Alarmanlage funktionieren, welche dich vor brenzligen Situationen schützt. Ansonsten richte deinen vollen Fokus auf die Liebe, das Licht und die Vollkommenheit. Je heller und kraftvoller dein Licht leuchtet, desto unangreifbarer wirst du für die dunklen Mächte der Angst, des Zwiespalts und der Unsicherheit. So verstärkt sich deine Aura und dein gesamtes Umfeld erstrahlt in Liebe, Harmonie, Zuversicht und Kraft. Besondere Bedeutung hat die Aufrechterhaltung des eigenen Energiefelds in Zeiten von Angst im kollektiven Bewusstseins der Menschen. Das entstehende Angstfeld greift schnell um sich und hat ein hohes Ansteckungspotential, da es auf feinstofflicher Ebene wirkt und subtil Einfluss nimmt. Grenze dich bewusst ab und visualisiere Licht und Liebe. Erzeuge mit deiner Vorstellungskraft eine Schutzglocke, die dich selbst einhüllt in blaues Licht.

Lege dir einen energetischen Schutzmantel um, der dich von unangenehmen Situationen und kollektiven Ängsten bewahrt. Um die Schutzwirkung zu verstärken, sage laut oder leise:

"ICH BIN der unüberwindliche, elektronische Schutzmantel, der mich im LICHT und in der VOLLKOMMENHEIT hält, wo immer ICH BIN. Er verleiht mir SICHERHEIT und SCHUTZ und schirmt mich gegen jede Unvollkommenheit ab. Ich stehe fest in diesem LICHT und halte meine Aufmerksamkeit auf die VOLLKOMMENHEIT in mir und in allem leben gerichtet. AMEN"

Meditation zur Lösung von der kollektiven Angst

Begib dich an einen Ort, an dem du dich wohlfühlst und an dem du diese wichtige Meditation durchführen kannst, ohne gestört zu werden.

Zünde dir eine Kerze an und nimm ein paar Atemzüge, während du die Kerze anschaust, deinen Atem beobachtest und erst einmal ganz im Hier und Jetzt ankommst.

Und auch wenn in deinem Kopf noch Gedanken herumrasen sollten, die dich vielleicht auch rasend machen, dann lass sie dort, aber nähre sie nicht mehr, sondern richte deine volle Aufmerksamkeit auf das Licht der Kerze vor dir. Nimm wahr, was der Kerzenschein mit dir macht. Vielleicht schenkt er dir Geborgenheit, Hoffnung und ein wenig Sicherheit in dieser so turbulenten Zeit. Vielleicht tauchen auch Gedanken auf wie: "was soll diese kleine Kerze schon bewirken, wenn alles um mich so dunkel ist, sich unsicher anfühlt, ich vor Herausforderungen gestellt werde, die ich kaum bewältigen kann und wo ich mich vielleicht gerade

verzweifelt und unsicher fühle."
Lass diese Zweifel und Einwände wahr wie ein stiller Beobachter und bewerte sie nicht. Alles was hochkommt, darf jetzt sein. Sei bereit, alles wahrzunehmen und zuzulassen, was sich nun zeigen mag.

Schau dir immernoch die Flamme deiner Kerze an. Nimm wahr, wie hell sie leuchtet, ob sie ruhig ist oder flackert, ob die Flamme groß oder klein ist. Bleib mit deiner Aufmerksamkeit ganz bei dem Licht deiner Kerze.

Lausche nun zu deinem Atem hin. Nimm wahr, ob er leicht ein- und ausströmt oder ob er sehr flach und kaum spürbar ist. Beobachte, ob der Atem im Brustkorb zu spüren ist oder bis in den Bauch strömt. Lass weiterhin deinen Blick auf dem hellen Kerzenschein ruhen und atme einfach tief ein und aus.

Stell dir nun eine schöne Situation vor, die Wohlbehagen in dir auslöst und Freude in dir aufkommen lasst. Das kann der letzte Urlaub sein, eine Begegnung, ein wundervoller Waldspaziergang, was immer dir nun in den Sinn kommen mag, lass diese Erinnerung aufsteigen wie einen Film, bade dich in dem Gefühl der Freude und Leichtigkeit und beobachte dabei noch einmal deine Atembewegung.

Atmest du tiefer oder flacher, bewegt sich dein Brustkorb oder dein Bauch, ist der Atem schneller oder langsamer geworden?

Nun richte deine Aufmerksamkeit auf eine Erinnerung, in der du dich unbehaglich gefühlt hast, unsicher warst, am liebsten vielleicht weggelaufen wärst. Lass auch hier diesen Film in Ruhe ablaufen und tauche ganz ein in die Bilder und Emotionen dieser Situation. Spüre noch einmal zu deinem Atem hin und nimm wahr, wo er nun fühlbar ist. Kannst du tief in die Lungen atmen und die Atembewegung im Brustkorb fühlen oder legt sich eine Schwere auf deine Brust, die dich einengt, die dich kleinmacht oder fast den Atem zum Erliegen bringt?

Diese kleine Übung hat dir gezeigt, wie sich die unterschiedlichen Gefühle auf deinen Atem auswirken. So wird deutlich, dass Angst nicht hilfreich ist, wenn es darum geht, unseren Körper vital und gesund zu erhalten. Wenn viele Menschen gleichzeitig Angst haben, entsteht ein großes Angstfeld, das einen beeinflussen kann, ohne dass man es merkt.

Angst erzeugt immer Enge und lässt den Energiefluss stagnieren, so dass die Zellen nicht optimal arbeiten können. So ist es wichtig, sich von der kollektiven Angst zu lösen, den Körper davor zu schützen und sein eigenes Licht zum Strahlen zu bringen, auch wenn Angst, Unruhe und Unsicherheit die Welt gerade aus den Fugen bringt. Gerade dann ist es wichtig, bei sich zu bleiben, zu atmen und fest verwurzelt auf der Erde zu stehen.

Angst war schon immer ein großer Verursacher von viel Leid auf dieser Erde. Angst ist kein guter Berater, wenn wir gesund, fit und voller Lebensfreude den Alltag meistern wollen. Und wenn du bereit bist, dich von der kollektiven Angst zu befreien, dann stell dich jetzt auf beide Füße, locker im Knie.

Stell dir vor, wie tiefe Wurzeln von den Fußsohlen ins Erdreich ragen, die dich verankern und die dich schützen vor den Stürmen des Alltags, den Stürmen der Verzweiflung und den Stürmen der Angst und Ohnmacht. Verwurzle dich jetzt mit der Erde und spüre, wie diese Verbindung enger und enger wird. Sieh die Wurzeln in goldener Farbe glänzen. Sie werden von der Urquelle allen Seins mit Liebe, Licht und Vollkommenheit gespeist. Fühle diese kraftvolle Energie in dir aufsteigen über die Füße und Beine bis in den gesamten Körper. Alles wird durchlichtet und erhellt, jede Zelle erstrahlt in ihrer vollkommenen Schönheit.

Kraftvolle Lebendigkeit macht sich breit, dehnt sich aus, erfüllt dein Herz.

Bewege nun deine Hände und Arme in dein Aurafeld und beseitige dort Belastungen, dunkle Energien und Angstfelder, die du wahrnehmen kannst. Entscheide dich, diese in diesem Prozess zu vertreiben. Werde kreativ, doch sieh es nicht als Spiel, sondern werde in deiner Gestik klar und konsequent, um alle Anteile der kollektiven Angst zu vertreiben. Schick sie fort aus deinem Energiefeld, aus deinem Körper, aus dem gesamten Raum, deinem Haus und deinem Umfeld.

Wenn du den Impuls hast, dich mehr zu bewegen oder dich zu drehen, dann gib ihm nach. Du kannst auch laut die Absicht aussprechen, dich von der kollektiven Angst zu lösen und dich zu entscheiden für die Liebe, das Licht die Wahrhaftigkeit und den Glauben an das Gute. Diese Entscheidung nur du selber treffen, denn du bist der Herr in deinem eigenen Körper, dem Tempel deiner Seele.

Und so wie dein Körper jetzt befreit ist von allen dunklen Schatten, kann das Licht voller Kraft in dein gesamtes Aurafeld strahlen. Spüre in deinen Energiekörper hinein und fühle die Ausstrahlung wachsen. Fühle die bewusste Verbindung an Himmel und Erde und genieße diese.
Nimm einige tiefe und bewusste Atemzüge und erlebe die gewonnene Freiheit und Leichtigkeit im Körper und in der Seele

Sei auf der Hut

Die lichten Kräfte verstärken sich in dieser Zeit der Transformation und erhöhen das Schwingungslevel jedes einzelnen Menschen. Doch auch dunkle Kräfte sind am Werk, um Einfluss auf die Menschheit zu gewinnen. So schütze dich vor Neid, Macht und Missbrauch jeglicher Art und lass dich nicht in den Strudel der Angst hineinziehen.

Das Feld der Angst ist gewachsen in dieser speziellen Zeit der Unsicherheit und lähmt viele Menschen in ihrem Handeln. Angst engt ein, blockiert den Energiefluss und behindert die feinen Wahrnehmungsantennen in die lichtvollen Ebenen des Seins. Wie feine Spinnweben verklebt sie die Auraschichten und verdunkelt das gesamte Energiefeld. Je mehr Menschen in ihrer Angst gefangen sind, desto dunkler und größer wird dieses energetische Feld niederschwingender Frequenzen und desto schwerer fällt es, sich mit dem eigenen Wesenskern zu verbinden.

Die kollektive Angst ist ein Machtwerkzeug, vor dem es sich zu schützen gilt. So lege regelmäßig deinen Schutzmantel an und vermeide Situationen, in denen du mit großen Angstfeldern konfrontiert wirst. Schenke negativen Nachrichten und Schreckensmeldungen keine Aufmerksamkeit mehr, indem du dich nicht emotional hineinziehen lässt. Denn sobald du mit diesen Realitäten in Resonanz gehst, dockst du dich an die niedere Frequenz an und verlierst unglaublich viel Energie. Das ist der Grund, warum du in diesen Zeiten häufig von einer Schwere oder plötzlichen Müdigkeit übermannt wirst.

Lasse nicht mehr zu, dass negative Schwingungen dein Licht verdunkeln. Nimm die Geschehnisse aus einer höheren Perspektive wahr, indem du in die Beobachterrolle gehst. Trainiere es, mehr und mehr deine eigene, wundervolle Welt des Lichts und der Liebe zu erschaffen, indem du sie bereits fühlst, schmeckst, riechst und vor lauter Glück überläufst.

Deine positive, zielgerichtete Aufmerksamkeit ist der Schlüssel zum Erfolg. Hadere nicht mehr mit den Unvollkommenheiten, die dir tagtäglich begegnen. Nimm sie an als wichtigen Teil der Dualität, durch die die Dinge umso klarer und deutlicher zum Vorschein kommen. Schenke ihnen ein Lächeln, schließe Frieden und fokussiere dich auf deine eigene Welt der Vollkommenheit. Im Glanz deines unerschütterlichen Glaubens erstrahlt die Zukunft in den schillernsten Farben und lässt dein Herz vor Freude jubilieren.

Feier die Liebe, feier das Licht , das ist der beste Schutz vor den dunklen Energien, die um sich greifen, um zu manipulieren und Einfluss zu gewinnen. So bleibe wachsam und schütze dich mit dem Bewusstsein reinster Liebe.

Der Sieg der Liebe

Sorgst du dich um den Frieden dieser Welt? Dann frage dich, was dein Herz beschwert. Fühlst du Ohnmacht, fühlst du Schmerz, dann geh hinein und schließe Frieden damit.

Solange der Kampf in dir selber wohnt und Unzulänglichkeiten dich belasten, bist du im Resonanzfeld der Zerstörung, der Zwietracht und der Ungereimtheit. Versöhne dich mit allen Facetten deines Seins, lerne über deine Schwächen zu lachen und identifiziere dich nicht mehr mit ihnen.

Flute dein Herz mit Licht und Liebe, fühle die heilsame und lichtvolle Schwingung deines Herzens in den gesamten Körper fließen und erhebe dich auf ein neues Level deiner eigenen inneren Zufriedenheit und Harmonie. Diese Liebeskraft verwandelt nicht nur deinen Körper mit all seinen Zellen, Organen und Funktionskreisen, sondern schenkt deinem inneren Wesen auf Seelenebene die lichtvollste Schwingung des Universums. Du fühlst diese Liebe und spürst, dass du aus ihr erschaffen wurdest, mit dem Ziel, eines Tages zu ihr zurückzukehren und wieder eins zu werden.

Liebe braucht keinen Kampf, sie ist einfach da, erlöst, befreit und schenkt Frieden, wie im Innen so im Außen.

„Sammle Freude in deinem
Herzen und vermehre sie.

Sammle Liebe in deinem Herzen
und verschenke sie.

Sammle Demut in deinem
Herzen und lebe sie."

Werde zum Leuchtturm

Spürst du das Potential deiner eigenen Verwandlung? Fühlst du mit all deinen Sinnen, dass diese Entwicklung dem allerhöchsten Wohle dient? Diese Transformation katapultiert dich auf ein neues Level deiner Bewusstseinsebene, verbindet dich mit der Quelle der Wahrheit, der Weisheit und der Liebe. Angeschlossen an Himmel und Erde fungierst du als reiner Kanal kosmischen Bewusstseins und bedingungsloser, unerschütterlicher Liebe. Deine Strahlkraft wächst von Moment zu Moment. Sie erhellt jede Zelle deines Seins, aber auch dein gesamtes Umfeld. "Wo ich bin ist Licht" ist nun das Motto deines Lebens und Wirkens.

Als Botschafter des Lichts, Krieger des Lichts oder Diener des Lichts - ganz wie du es nennen magst - folgst du den Impulsen deines Herzens und verstärkst das Licht und die Liebe auf dieser Erde und im gesamten Universum. Ganz bei dir selbst im Frieden angekommen, wirst du zum Friedensstifter, Freudeschenker, Hoffnungsträger und Weltverbesserer.

Du lebst deine Wahrheit in kompromissloser Liebe, Klarheit und Besonnenheit. Freude, Leichtigkeit und Energie werden deine ständigen Begleiter sein. Erfreue dich an deinem Wandel in die Vollkommenheit und erlebe dich mehr und mehr als Teil des großen Ganzen. Die Harmonie im Einklang mit der gesamten Schöpfung zu zelebrieren und das Einssein zu erfahren, ist wohl das Wundervollste am Erwachungsprozess der Menschheit. Die Zeit der großen Transformation macht es möglich, dass viele Menschen gleichzeitig diesen Verwandlungsprozess durchlaufen. Indem du zum strahlenden Leuchtturm wirst, bringst du in deinem Umfeld Licht ins Dunkel, bietest Halt, Orientierung und Zuversicht.

Eine riesige Anzahl von Leuchttürmen wird in Kürze sichtbar werden und damit die rasante Entwicklung der Menschheit weiter beschleunigen. Dunkle, verborgene Dinge werden aufgedeckt, um anschließend eine neue, lichtvolle, gesunde, freiheitliche Wirklichkeit zu erschaffen.

Der große Wandel ist nahe, unterstütze ihn mit deiner Strahlkraft der Liebe, des Lichts und der schöpferischen Kraft deines erwachten Geistes. Sei dir selbst deiner innewohnenden Macht bewusst und hilf anderen dabei, sich aus ihrer Ohnmacht zu befreien.

"Feiere das Leben und feiere das Licht. Alles ist gut!"

Im Strudel der Zeit

Die Zeit der Transformation ist für viele Menschen eine große Herausforderung. Riesige Veränderungen geschehen in kurzer Zeit und viele Prozesse wollen gelebt und verarbeitet werden. Die Zeitqualität scheint dabei eine neue Ebene der Beschleunigung erreicht zu haben und in der Tat verändern sich Zeitlinien und Bewusstseinsebenen.

Wir hatten zu Beginn des Buches bereits das Beispiel des Kreisels verwendet, der sich schneller und schneller dreht und bei hoher Beschleunigung erst ruhig und gleichmäßig läuft. Du kannst dir auch das Bild eines Strudels im Wasser nehmen oder das Beispiel eines Wirbelsturms. Auch hier ist es im Zentrum ruhig, wobei sich die Ebene plötzlich und schnell ändern kann. Dies geschieht gerade global auf der Welt und ist die Erklärung, warum viele Menschen überfordert sind, sich im wahrsten Sinne des Wortes aus der Bahn geworfen fühlen.

Versuche, diese neue Zeitqualität anzunehmen, hadere nicht und kämpfe nicht dagegen an. Übe dich darin, im Augenblick zu leben, das ist die wirksamste Methode, im Flow zu sein, geschmeidig die Geschwindigkeit zu erhöhen, dabei aber keine Energie zu verlieren. Jeglicher Stress entsteht durch eine Disharmonie und Diskalkulation im Zeitmanagement. Du hast alle Zeit der Welt, wenn du angeschlossen an Himmel und Erde im Augenblick lebst. Alle Impulse und inneren Wegweiser können so viel besser wahrgenommen werden. Du ruhst in dir, trotz aller Stürme des Alltags, bist wach und präsent, energievoll und klar. So lerne mehr und mehr, deine Zeitfenster bewusst zu nutzen und zwischendurch Phasen der Entspannung und Regeneration einzubauen. Verausgabe dich nicht mehr, sondern erfülle deine Aufgaben mit Freude, Ruhe und Gelassenheit.

Vertraue der göttlichen Führung in dir und verabschiede dich von dem Gedanken, dass die Zeit immer schnellebiger und anstrengender wird. Deine eigene Wahrnehmung wird sich verändern, wenn du im Hier und Jetzt deine Berufung lebst.

"Im Flow sein ermöglicht
göttliche Fügung.

Im Flow sein heißt,
in der Liebe sein.

Im Flow sein heißt,
im Augenblick sein.

Im Flow sein schenkt
Freude und Energie.

Im Flow sein ist
der Schlüssel zum Erfolg."

Folge deinem inneren Ruf

Seine wirkliche Berufung zu erkennen und diese zu leben, ist der Wunsch vieler Menschen. Und doch sieht es in der umgesetzten Realität oft ganz anders aus. Da werden die Berufswünsche der Eltern übernommen, aus Vernunftsgründen eine Ausbildung gemacht oder das Lebenswerk des Onkels fortgeführt, auch wenn die eigenen Fähigkeiten vielleicht ganz woanders liegen.

In jedem Menschen wohnen besondere Talente und Potentiale, die es zu entdecken und zu entfalten gilt. Tief verborgen warten sie wie ein Schatz darauf, gelebt zu werden. Lernen wir wieder Zugang zu unseren wahren Bedürfnissen und Sehnsüchten zu bekommen, können neue Betätigungsfelder und Berufswünsche in den Blickwinkel geraten, die vielleicht noch nie zuvor im Fokus standen.

Dem inneren Ruf zu folgen ist ein Akt der Freude und tiefer Erfüllung, da alle mitgebrachten Gaben gelebt werden können. Im Idealfall ist so der Alltag ein tägliches Feiern und gelebtes Glück, seine Herzensprojekte umzusetzen und sich mit seinen Fähigkeiten voll einzubringen. Sind die Geschenke deines inneren Rufes so tief versteckt, dass du sie zur Zeit noch nicht selber zum Vorschein bringen kannst, hilft ein gezieltes Coaching oder eine Beratung oftmals weiter, um an das unbekannte Potential vorzudringen.

„Folge dem Ruf deines Herzens und finde deine wahre Berufung, die dich auf die Sonnenseite des Lebens bringt."

"Fülle deine Lebenszeit und deinen Alltag mit deinen Herzensangelegenheiten und erfahre damit die Erfüllung deines Lebenstraums."

Bleib in Bewegung

Beweglichkeit ist ein wichtiger Schlüssel auf dem Weg in die lichten Reiche. Gerade in Zeiten der globalen Veränderung ist Flexibilität und Anspassungsfähigeit entscheidend, um die Herausforderungen zu meistern. Statt stur an alten Strukturen festzuhalten, können wir aus der Starre herauskommen und den Dingen mit einer neuen Offenheit begegnen. Jeder Sturm der aufzieht, hat das Potential, dich an ein neues Ufer zu tragen, wenn du bereit bist, den Anker zu lichten.

So komm in Bewegung, bleib in Bewegung und schenke dich ganz dem Veränderungsprozess hin. Löse dich von Bewertungen und maße dir nicht an, die Botschaft des Sturms zu verstehen. Dein Kopf, dein Verstand und dein Ego helfen dir nicht als Steuermann. Lass das Ruder los, tausche die Segel des Wollens, Habens und der Macht gegen die Segel der Liebe, der Hingabe und des Glaubens. Lebe so deine innere Wahrheit, bewege dich ins Vertrauen deiner inneren Stärke und halte den Fokus auf dein Ziel des Erwachens. Spüre dein inneres Licht leuchten und sieh alle anderen Lichter tanzen auf dem unendlichen Ozean. Jeder Sturm geht vorbei, dessen sei gewiss.

Doch übe dich nicht nur in innerer Beweglichkeit. Schenke deinem Körper Bewegungseinheiten, die alle Funktionskreise aktivieren und ausgleichen. Bewegung bringt frischen Wind in die Zellen und regt Entgiftungsprozesse an. So nutze tägliche Bewegung an der frischen Luft, die auch deinem Geist eine wohltuende Pause schenkt.

Sorge gut für dich in dieser Zeit des Wandels. Ein vitaler, kraftvoller und gesunder Körper hilft dir, die Durchlichtung deines stofflichen Lebenskleides voranzubringen. Nimm deinen Körper mit auf die große Reise, er ist dein treuester Gefährte, vergiss das nicht.

" Der Körper ist das Fahrzeug deiner Seele. Hege und pflege ihn gut. Er wird es dir mit bester Gesundheit danken"

"Reinige deinen Körper, durchlichte ihn mit all deiner Liebe und er wird dir folgen ins Reich der Unsterblichkeit."

Werde zum Friedensstifter

Die Zeit der Transformation ist wie ein Geburtsprozess, der eine neue Wirklichkeit hervorbringt. Die einhergehenden Wehen gehören dazu und sind Teil des Verwandlungsvorgangs, den jeder einzelne Mensch durchlebt.

Wie bei jeder anderen Geburt kommt es darauf an, die Wehen nicht als qualvolle Schmerzen zu erfahren, sondern sich diesen so hinzuschenken, dass mit Hingabe neues Leben entsteht. Sei einverstanden mit den Turbulenzen dieser Zeit, reite die Wellen der Veränderung und werde zum Friedensstifter und Hoffnungsträger. Schließe Frieden mit deiner Vergangenheit und räum in deinem Leben auf. Werde dir bewusst, wo du noch im Unfrieden bist mit dir selbst oder mit anderen. Lass Frieden einkehren in dein Herz und spüre die heilende Wirkung, die sich auf all deine Lebensumstände ausdehnt.

Wenn in jedem Herzen die Flamme der Liebe und des Friedens leuchtet, werden Wunder wahr. Dann fühlen sich alle Menschen eingebunden in die Schöpfung und sind sich ihrer großen Verantwortung bewusst, jeden Tag selber etwas zum Frieden beizutragen. Solange wir unfähig sind, den Alltag friedvoll zu gestalten, bleibt der wahre Frieden auf Erden eine Illusion. Dabei können wir uns tagtäglich fragen: Waren meine Worte friedlich oder habe ich oft genervt oder gereizt reagiert? Wie war mein Umgang mit anderen? War ich verständnisvoll und friedfertig oder habe ich mit meinem Verhalten provoziert? So werde dir mehr und mehr bewusst, dass du jeden Tag die

Wahl hast, welches Feld du nährst. Das Feld des Unfriedens, der Zwietracht und des Streits oder das Feld der Anerkennung des Verständnisses und des Friedens.

Wahrer Frieden beginnt in dir und ermöglicht eine Verwandlung deiner Seele im irdischen Dasein. Du verkörperst den Frieden, wenn du dich löst von den Verstrickungen mit deinem Ego und damit von den Verhaltensmustern, die bislang das harmonische Miteinander blockierten. Indem du dich befreist, erlöst du andere aus den energetischen Verknüpfungen und erschaffst eine große Friedensstimmung in deinem Umfeld. So wirst du zum wahren Friedensstifter der neuen Zeit.

„Wahrer Frieden beginnt
im Herzen."

"Frieden ist ein Zustand gelöster Ungereimtheit."

"Schaffe Frieden im Herzen, dann werden Wunder geschehn."

Die Kraft des Segnens

Es ist eine Gabe, die jeder Mensch besitzt und doch nur selten Gebrauch davon macht - das Segnen. Ist dir bewusst, welch machtvolles Werkzeug du damit in den Händen hältst? Es gibt so viele Situationen im Alltag, in denen du darüber eine positive Wandlung herbeiführen kannst.

Bereits am Morgen kannst du es dir zur Gewohnheit machen, den neuen Tag zu segnen. Schließe all deine Begegnungen mit ein und lass die Energie deines Segens in alle Bereiche des neuen Tages fließen. So erschaffst du eine lichtvolle Basis, eine positive Grundstimmung, die deinen Start in den Tag sofort bereichern kann.

Über das Segnen erzeugst du ein friedliches, lichtvolles Resonanzfeld, das magische Kräfte in sich trägt. Entscheidend ist die reine Absicht und das Wohlwollen im Herzen. Der Segen wirkt wie eine Fürbitte, wie das Bitten um das Beste für den anderen und die gesamte Welt. In der Natur kannst du das Segnen sehr gut üben, indem du zunächst die überwältigende Schönheit auf dich wirken lässt. Dadurch wird dein Herz weit und froh, Dankbarkeit und Hingabe können wachsen. Dies ist die beste Voraussetzung für das Aussenden der Segensenergie.

Es wird dir leichtfallen, die Natur zu segnen, die dich umgibt. Je öfter du dies tust, desto leichter wird es dir fallen, auch Menschen oder Gegebenheiten mit deinem Segen zu beschenken. Füge grundsätzlich deinem Segenswunsch hinzu, dass alles zum Wohle des Einzelnen und des großen Ganzen geschehen möge. Bitte um göttliche Führung und schließe dich grundsätzlich vorher an Himmel und Erde an. Handle aus reinem Herzen mit Liebe und Hingabe.

Der Segen der geistigen Welt ruht auf dir, wenn du als Lichtwesen erwachst und das Gute verstärkst. So trage ein Lächeln im Herzen und verwandle die Welt in einen Ort der Liebe und des Mitgefühls.

Schließe deinen Segen auch in deine Meditation oder dein Abendgebet ein. Sehr kraftvoll wirkt dabei folgender Ausspruch:

"Mögen alle Wesen glücklich und gesegnet sein."

Bring Licht ins Dunkel

In der Zeit der Transformation zeichnet sich immer deutlicher ab, was dem Licht dient und welche Kräfte dagegen arbeiten. Licht und Schatten wachsen enorm und nehmen Einfluss auf den Wandel der Zeit. Sie dehnen sich aus, sie schaukeln sich hoch und führen einen regelrechten Tanz der Mächte auf. Dies führt zu enormen Spannungen im Energiefeld, die sich im Feinstofflichen als starke Turbulenzen auswirken.

Je höher die Schwingung wird, desto extremer zeigen sich beide Seiten der Dualität. So kommt im Laufe der Zeit alles ans Licht, was nicht der Liebe und der göttlichen Ordnung entspricht.

Im Zustand der höchsten Schwingung, die nur noch Liebe, Freude und Wahrheit beinhaltet, können sich letztendlich alle Schatten nicht mehr halten. Dunkle Energien sind nicht in der Lage, dieses hohe Level des Zustands der Vollkommenheit zu erreichen und lösen sich im gleißend hellen Licht in Wohlgefallen auf.

Jeder Mensch ist in der Übergangszeit aufgefordert, Stellung zu beziehen und sich für das lichtvolle Kraftfeld einzusetzen. So durchlichte dein Umfeld und beleuchte die Dinge, die dir nicht wahr und stimmig erscheinen. Frage dein Herz nach der Wahrheit und folge seinen Impulsen.

Bring die Wahrheit ans Licht

Wenn dein Herz dich deine Wahrheit spüren lässt, dann lass andere Menschen daran teilhaben. Konfrontiere sie mit deinen Gefühlen und deiner Art, die Dinge zu betrachten. Die Wahrnehmungskanäle der Menschen sind unterschiedlich und ein lebendiger Austausch eine beglückende Erfahrung.

So habe den Mut, auch unangenehme Dinge anzusprechen, die auf bestehende Unwahrheiten oder Disharmonien aufmerksam machen. In jeder Familie, an jedem Arbeitsplatz können so Dinge ins rechte Licht gerückt werden, was Erkenntnis und Heilung bringen kann. Ein Wegsehen oder Verdrängen hilft nicht, eines Tages kommt sie, die Stunde der Wahrheit. Doch dann ist es für den ein oder anderen Lebensstrom vielleicht zu spät. Rüttle wach durch klare Worte und das Benennen der Ungereimtheiten. Es ist eine wichtige Hilfestellung in Zeiten der Verunsicherung und Orientierungslosigkeit.

So strahle das Licht deiner inneren Fackel der Wahrheit hinaus in die Welt. Verstärke damit das Licht, die Liebe und die Wahrhaftigkeit, die sich umgehend in Lichtgeschindigkeit ausbreitet. Bleibe immer selbst in der Liebe, wähle deine Worte mit Bedacht. Klage niemals an oder gib Bewertungen ab.

Sprich mit der Stimme deines Herzens. Weise auf deine Sicht der Dinge hin und richte den Fokus des Lichts auf die Themen oder Angelegenheiten, die dich beschäftigen. Sei souverän und bleib ganz in deiner Mitte, auch wenn du mit

Gegenargumenten konfrontiert wirst. Setze einfach Impulse, aber lass dich nicht auf endlose Diskussionen ein. Es geht niemals darum, Recht haben zu wollen, sondern nur um das Mitteilen von Ansichten und Herzensimpulsen.

"Wer mit dem Herzen spricht, kann niemals verletzend sein."

"Deine eigene Wahrheit kannst du nur mit dem Herzen spüren."

Visionen für eine lichtvolle Welt

Eine neue Epoche der Menschheitsgeschichte steht bevor. Die Veränderung des Bewusstseins und das Wahrnehmen feinstofflicher Energien und globaler Veränderungen führt zu einem neuen Gewahrsein göttlicher Präsenz in jedem Lebewesen auf dieser Erde. Im Zustand des Eins-Seins, des Verbundenseins mit allem was ist, wird es keinerlei Missbrauch, Neid und Konkurrenzkamp geben. In dem Gefühl innerer liebevoller Verbundenheit wird jeder einzelnen Lebensstrom in seiner individuellen Ausdrucksform geachtet und geschätzt.

Im erwachten Zustand unterstützen wir uns gegenseitig und profitieren von dem Potential des anderen. Der Gemeinschaftsgedanke wird zu einem Gemeinschaftsgefühl, das selbstverständlich in jedem Herzen verankert ist. Dieses bringt neue Lebensinhalte, Wohnprojekte und Lebensgestaltungsweisen hervor, bei der Arbeit und Beruf einen völlig neuen Stellenwert bekommen. Da alle Tätigkeiten den Herzensimpulsen folgen, werden sie mit Liebe, Leidenschaft und Hingabe ausgeführt.

So bringt jeder seine Fähigkeiten und Anlagen mit ein, um einen Beitrag für das Gemeinwohl zu leisten. Dieser dienende Ansatz bringt Erfüllung, Sinn und Wertschätzung in die Gemeinschaft, die sich nicht mehr als Gesellschaft bezeichnet, da sie sich wie eine große Familie fühlt. Jeder einzelne Mensch ist ein wichtiger Teil des großen Ganzen und empfindet sich dadurch wertvoll, geachtet und geliebt. Der Geist der Liebe erfüllt jeden Raum, jeden Gedanken, alle Projekte und das gesamte Universum.

Das Paradies auf Erden wird gelebte Wirklichkeit. Nichts ist mehr getrennt, nichts abgespalten oder verdrängt. Das große Erwachen lässt Wunder geschehen, die bislang unmöglich schienen. Der Wandel ist nahe, mach dich bereit auf ein Leben in der nächsten Dimension!

"Das große Erwachen bringt das Paradies auf Erden."

" Im erwachten Sein erstrahlt die Seele in ihrer vollkommenen Schönheit."

"Der Aufstieg ins Licht ist das Ziel deiner Entwicklungsreise."

Der Wandel der Welt bringt viele neue Chancen mit sich. Nutzen wir doch unsere Visionen, um sie bereits im transformierten Zustand in den schillernsten Farben vor uns zu sehen.

Wie sieht die Welt in deinen schönsten Träumen aus? Schwelge in Bildern wundervollster Natur mit gesunden Wäldern, Flüssen, Seen und Meeren. Tauche ein in die besondere, ja heilige Stimmung der verwandelten Naturelemente. Mutter Erde, die glücklich und geheilt die verschiedensten Facetten von sich zeigt und fruchtbaren Boden für die Nahrungsmittel der Menschen und Tiere bietet. Alles ist im Einklang und schwingt gemeinsam in göttlicher Harmonie. Die Nutzpflanzen werden voller Liebe angebaut und mit Dankbarkeit geerntet. Nachhaltigkeit und Ökologie sind selbstverständlich und werden von den weiterverarbeitenden Firmen gerne umgesetzt. Das Wohl der Gemeinschaft steht an oberster Stelle und für jeden einzelnen Menschen ist gesorgt. Die Arbeit erfolgt mit viel Liebe, Hingabe und Begeisterung für die Sache. Jeder hat eine Aufgabe, die ihn erfüllt und das Herz in positive Schwingung versetzt. Freude und Leichtigkeit ist die Grundstimmung der Menschen, die hilfsbereit sind und sich gegenseitig selbstverständlich unterstützen. Geben und Nehmen ist ausgeglichen, niemand fühlt sich ausgenutzt oder hintergangen.

Akzeptanz, Wertschätzung und Offenheit regieren die Welt und spiegeln sich im täglichen Miteinander wider. Demut und Dankbarkeit werden bereits den Kindern vermittelt und sind ständiger Begleiter im Alltag. Auch Achtsamkeit wird aktiv gelebt. Ob in der Familie, beim Lernen oder im Beruf, überall herrscht ein achtsamer Umgang, wodurch Empathie und Mitgefühl an der Tagesordnung sind.

Die Menschen verstehen sich als großes Ganzes und leben im harmonischen Einklang mit der Schöpfung und den Naturgesetzen. Ein friedlicher, respektvoller Umgang mit anderen ist ebenso selbstverständlich, wie das Leben eigener Bedürfnisse in Selbstliebe und Selbstfürsorge. So gelingt es, dass niemand dem anderen Energie rauben muss, sondern ständig selber in seiner Kraft ist.

Angeschlossen an Himmel und Erde wird die Batterie nicht leer, sondern speist sich täglich aufs neue. So gibt es in der neuen Welt keine Erschöpfung, keinen Burnout, keinen Neid und keine Missgunst. Da jeder Einzelne im absoluten Frieden mit sich selbst ist, herrscht eine friedliche, liebevolle Grundstimmung, die ein großes, energetisches Resonanzfeld erzeugt. So verstärkt sich das gesamte Energiefeld der Erde in eine lichtvolle Schicht der Leichtigkeit, des Wohlbefindens und der Wärme.

Alle Lebewesen fühlen sich geborgen und sicher auf der Erde, Tiere und Menschen leben in Harmonie miteinander, ehren und lieben sich. Zahlreiche innovative Technologien werden entwickelt, die dabei helfen, sich umweltfreundlich fortzubewegen und natürliche Energie zu nutzen. Immer steht das Wohlergehen aller Lebenwesen im Vordergrund. Absprachen der unterschiedlichen Länder erfolgen friedlich und immer auf Augenhöhe.

Die Weisheit der Liebe steht über allem und ist entscheidungs-relevant in allen Fragen. Jeder sieht sich als Teil der Gesellschaft und bringt seine Fähigkeiten und Talente mit ein.

Große Wunder werden möglich, wenn jeder Mensch sein volles Potential entfaltet.

So male dir selbst noch einige Dinge aus, die du im Leben der transformierten Zeit siehst. Visualisiere dir eine Welt von morgen und tauche ein in das Gefühl der umgesetzten Wirklichkeit. Jede bereits gefühlte Vision ist umso kraftvoller, je klarer und realistischer sie erscheint.

„Möge das Licht und die Liebe jeden Menschen leiten, die Transformationsprozesse umzusetzen und einen Beitrag für eine besser, lichtvolle Welt zu leisten."

Was sind deine Wünsche und Visionen? Trage hier deine Impulse ein:

Sei Willkommen liebe Seele auf einem neuen Level deiner Entwicklungsreise. Du bist an einem entscheidenden Wendepunkt deines Lebens angekommen und hast die Chance, dein Leben ab heute neu zu gestalten und zu definieren. Was macht mich aus, wer will ich sein, wo stehe ich jetzt? All diese Fragen sind wichtig auf dem bewussten Weg der großen Transformation. Spiele mit diesen Fragen, lausche mit dem Herzen und empfange die Antworten deiner Seele.

Du reines Lichtwesen, du Urquelle der göttlichen Weisheit, entdecke deine wahre Natur und lebe dich in deiner vollkommenen Form. Schenke deine Gaben der Welt, unterstütze den Wandel und erhelle den Kosmos mit der Strahlkraft reinster Liebe. Du Kind des Lichtes, du Quell der Freude, du Funken der Leichtigkeit, erfülle deinen Lebensplan mit tiefer Hingabe und der Bereitschaft, alles zu geben, was du zu geben hast. Hiermit ist kein Aufopfern gemeint, sondern das volle Einbringen deiner Gaben und Geschenke, die in dir veranlagt sind.

Jeder Mensch hat einmalige Fähigkeiten und Talente. Viele Menschen können gemeinsam so viel Gutes bewirken. So komm hervor und zeige dich mit allem, was du kannst und was du bist. Zögere nicht mehr, verstecke dich nicht mehr. Verabschiede dich von aller Kleinheit, von aller Ohnmacht und allem Zweifel. Nimm die dir ureigene Macht in Besitz, komm in deine Kraft und lebe deine Bestimmung.

Wahre Macht kennt keinen Mißbrauch. Wahre Größe nutzt niemals aus. Nur wer sich klein fühlt, erhebt sich über andere, dies ist nicht mit der echten Größe und Stärke gemeint.

So entwickle deine Strahlkraft, lass dein Licht leuchten in dein Umfeld, in deinen Alltag, flute dein ganzes Leben mit Liebe und Licht.

Trage die Fackel der lichtvollen, neuen Energie in deinem Herzen und entzünde damit viele andere. Die Zeit der großen Transformation ist gekommen. Lasst uns tanzen, lasst uns feiern, lasst uns glücklich sein und die Funken der Freude verteilen!

„Liebe das Leben und lebe in Liebe. So sei es! „

Die Stärkung der Lichtkräfte

Du hast nun einen Punkt erreicht, an dem du dein Leben einer wundervollen Wandlung unterziehst. Durch die lichtvolle Ausrichtung deiner Gefühle und Gedanken erschaffst du dir eine neue Wirklichkeit, die dein gesamtes Dasein auf den Kopf zu stellen vermag.

Lass es geschehen, dass du dich zu dem großen Lichtwesen entpuppst, das sich entschieden hat, seinen Zustand der Vollkommenheit zu erreichen. Wie ein Schmetterling hast du nun die Phase erreicht, in der aus dem Kokon der Raupe ein wunderschöner Schmetterling wird.

So komm hervor, wirf die alte Schale deiner bisherigen Identifikation ab und genieße den ersten Flügelschlag deiner Freiheit. Entfalte all deine Fähigkeiten, die dich auf ein neues Level deines Seins führen. Stärke die Lichtkräfte in dir und halte dein Energielevel aufrecht.

Verbinde dich mit Himmel und Erde und wirke als Lichtkanal, der die Lichtkräfte auf der Erde mannigfaltig verstärkt. Wie ein Akkumulator kann jeder einzelne Lebensstrom mehr und mehr Energie aufnehmen, speichern und weiterleiten. So kann die Schwingungserhöhung geschmeidig und kraftvoll geschehen und die Energie im gesamten Feld enorm steigen. Sei Teil dieser wichtigen Lichtbewegung, die alle Schatten durchlichtet und der Dunkelheit jegliche Macht entzieht.

Die Zeit des großen Wandels ist gekommen. Fühle und erlebe täglich deine Angeschlossenheit an das Licht und an die Liebe. Empfinde in jeder Sekunde deines Daseins die Gewissheit in dir: "Wo ich bin ist Licht, wo ich bin ist Liebe". Durchflute jeden Raum den du betrittst mit dieser frohen Botschaft. Öffne die Herzen der Menschen durch dein segensreiches Wirken und stelle dich ganz in den Dienst des lichtvollen Wandels.

Als erwachter Mensch bist du imstande, dich mit allen Ebenen deines Seins zu verbinden. Der Wirkungskreis wächst, der Radius deiner wachen Präsenz weitet sich aus. Dein Bewusstsein erlangt neue Dimensionen, die dir bislang nicht zugänglich waren.

Je mehr Menschen diesen Zustand erreichen, desto rasanter wird der gesamte Transformationsprozess verlaufen. So schließt euch zusammen, verstärkt die Lichtfrequenzen und verbindet euch zu einem riesigen Kraftfeld der Liebe.

Die Lichtfamilie wächst

Sicher hast du es schon einige Male erlebt, dass du mit einem Menschen sofort im selben Gleichklang geschwungen hast und dich direkt vom ersten Augenblick an inniglich verbunden fühltest. In solchen Begegnungen fühlen wir uns sofort glücklich und geborgen, genießen das Beisammensein und den Austausch auf Herzebene. Die Seelen tanzen und feiern die große Wiedersehensfreude. Denn einst waren wir alle verbunden im riesigen Lichtermeer der vollkommenen Liebe und Einheit. Wir waren sicher, dass wir uns im Strudel der Dualität wiedersehen würden, haben uns verabredet, um uns an das gemeinsame Ziel zu erinnern und uns im Erwachungsprozess zu unterstützen.

In diesen Zeiten der globalen Veränderung finden die einst vereinbarten Treffen in großem Ausmaß statt. Die große Lichtfamilie findet wieder zusammen, um gemeinsam den Aufstieg zu wagen. Das kollektive Erwachen beinhaltet großes Potential und bringt jeden einzelnen Lebensstrom enorm voran.

So profitiert voneinander, vereinigt eure starken Lichtkräfte und verbindet euch im Herzen. Fühlt, wie der Segen all derer auf euch ruht, die an euch glauben, die euch vertrauen und die im Licht auf euch warten.

Das kollektive Erwachen

Nun geht es um das große Ganze, den Quantensprung im Menschensein. Die Zeit der Vorhut ist vorbei, das kollektive Erwachen steht nun bevor. Alle Menschen, die dem Ruf der Sehnsucht ihres Herzens folgen, entwickeln ihren eigenen, individuellen Weg und gehen Schritt für Schritt der Erleuchtung entgegen.

Denn der Weg des Erwachens führt zur Erleuchtung, auch wenn dein Verstand vielleicht sofort Zweifel anbringen will. Als erwachter Mensch fühlst du die Wahrheit mit deinem Herzen, erkennst die Zusammenhänge dieser Welt und durchschaust das Spiel der Dualität, in der du gerade zu Gast bist.

Viele Inkarnationen hat es gedauert, um an diesen Punkt der Entwicklungsreise zu gelangen. Nun bist du da und bist bereit, mit vielen anderen lichtvollen Seelen den Weg des Erwachens zu gehen, um wahre Erleuchtung zu erlangen. Öffne dein Herz, öffne deinen Geist und offenbare dein wahres Selbst.

Erlebe das kollektive Erwachen als einen magischen Freudentaumel zigtausender Menschen, die sich mit dem Ursprung allen Seins verbinden. Im Bewusstsein des All-Seins ist nichts und niemand mehr getrennt, alles schwingt im göttlichen Einklang der Liebe.

Schenke dir Vertrauen

Erlebst du noch Zweifel auf deinem Weg des Erwachens? Dann gesteh dir diese ein. Nutze dieses Buch als Bedienungsanleitung und Nachschlagewerk. Machst du die Erfahrung, dass dir bestimmte Kapitel, Übungen oder Meditationen besonders gutgetan haben oder du hier und da Nachholbedarf verspürst, verweile dort länger, um die Themen zu verinnerlichen und Prozesse zu vollenden.

Spüre in dich hinein, wann du bereit bist, den nächsten Schritt zu gehen. Doch überfordere dich nicht, schenke dir Vertrauen in dein eigenes Tempo deiner Entwicklungsreise. Es ist ein neuer, ungewohnter Weg, der viele maßgebliche Verwandlungen mit sich bringt.

Sei verständnisvoll mit dir selbst, übe dich in Geduld und Nachsicht. Alles geschieht in richtiger Weise, wenn dein Herz als Kompass dient. Kläre die Vergangenheit und schaffe Raum für Neues. Achte gut auf dich und beherzige, Schritt halten zu können mit deiner rasanten Verwandlung.

Die Potentialentfaltung und Schöpferkraft braucht zwischendurch kreative Pausen der Regeneration und Verarbeitung. Nutze die Anbindung an die Natur, an deinen Atem und schenke dir viel Raum und Zeit für dich selbst. Du wundervolles Lichtwesen, sei gesegnet auf deinem Weg des Erwachens und der Transformation ins Licht.

Mein Weg des Erwachens

Ein Erfahrungsbericht

Dieses Buch schreiben zu dürfen erfüllt mich mit großer Freude und Dankbarkeit. Es ist mein erstes Werk, das ich so direkt aus der geistigen Ebene empfangen habe. Seit einigen Jahren fühle ich mich Jesus Christus sehr verbunden, spürte immer wieder seine Präsenz und habe von Zeit zu Zeit Botschaften von ihm erhalten. Doch nie hätte ich damit gerechnet, dass ich ein Buch für ihn schreiben soll.

Alles begann in einer Nacht, in der ich plötzlich hellwach im Bett lag und den Titel des Buches bekam. Ich nahm einen Block und notierte ihn. Kaum hatte ich ihn aufgeschrieben, folgten die Überschriften der einzelnen Kapitel - das Inhaltsverzeichnis stand. Einige Wochen vergingen, ohne dass etwas geschah. Eines nachts war es dann soweit. Wieder war ich hellwach und hatte den Impuls aufzustehen. Ich setzte mich aufs Sofa und fing an zu schreiben. Die Worte flossen ganz einfach heraus, mein Block füllte sich und ich war berührt von der Wortwahl und der hohen Herzensenergie, die ich wahrnehmen konnte. Mit der Zeit veränderten sich die Uhrzeiten, so dass ich nicht mehr nur nachts schrieb, sondern auch am Tag den Impuls verspürte, zu schreiben.

Interessanterweise überkam es mich in der Natur besonders häufig, so dass ich mir angewöhnte, grundsätzlich einen kleinen Block und Stift dabei zu haben. So setzte ich mich gerne im Wald auf einen Baumstamm oder eine Bank und ließ die Worte fließen. Manchmal bekam ich sogar zuhause beim Bügeln den Ruf, in den Wald zu kommen, um weiter am Buch zu schreiben. So hatte ich es nicht selber in der Hand, wann es weiterging, sondern wartete immer auf den Impuls von oben. Manchmal war ich überrascht, wie kurz ein Kapitel war. Es ergaben sich dann mit der Zeit weitere Überschriften, die das Hauptkapitel ergänzten und mit wichtigen Aspekten anreicherten. So füllten sich nach und nach die Inhalte.

Besonders intensive Zeiten erlebte ich immer in mehrtägigen Aufenthalten im Harz, wohin ich mich regelmäßig zurückzog, um dem Buch und den damit verbundenen persönlichen Entwicklungsprozessen Raum zu geben.

Hier ging es dann ans Eingemachte, ich schrieb viele Stunden am Tag, nahm mir aber auch Zeit zum Ausruhen, Wandern und für Saunabesuche. Doch selbst bei diesen Ausflügen war ich auf meine Schreibutensilien angewiesen, da es immer wieder geschah, dass es plötzlich weiterging im Text. Natürlich fühlte ich mich auch aufgefordert, das Wissen in meinem Leben umzusetzen. Ich spürte die tiefe Wahrheit, merkte aber auch, wie ich an meine persönlichen Grenzen der Umsetzung stieß.

Obwohl ich seit vielen Jahren, ja sogar Jahrzehnten an meiner persönlichen Weiterentwicklung arbeite, fiel es mir oft schwer, die einzelnen Schritte im Alltag zu integrieren. Ich spürte die Macht meines Egos, das sich an Gewohnheiten klammerte, wenn sein Einfluss schwand. Ich hatte Angst vor meiner wahren Größe und davor, den so viel beschriebenen wahren Wesenskern zu entdecken und dann auch noch zu leben. Es schien zeitweise unmöglich, aus meinen alten Verhaltensmustern auszusteigen und mein wahres Ich oder mein großes Selbst zu fühlen und auszudrücken. Gleichzeitig wuchs die

Sehnsucht nach Veränderung, nach Transformation, nach innerer Freiheit und neuer Identifikation. Ich spürte tief im Herzen, dass es gelingen kann und dass nur ich selbst es bin, der es sich so schwer macht. Die Botschaften berührten mich. Sie unterstützten mich auch gerade dann, wenn ich wieder einmal in meiner Selbstzweifel-Spirale gefangen war.

Je weiter das Buch voranschritt, desto lauter wurden die Zweifel und Ängste in mir. Das gefiel mir natürlich gar nicht, hatte ich doch die Erwartung an mich, selbst ein leuchtendes Beispiel dafür zu sein, dass der Wandel gelingen kann. So stürzte ich zwischendurch in eine echte Krise, in der ich zwei Wochen lang nicht einen einzigen Satz empfing. In dieser Zeit fühlte ich mich abgeschnitten von der geistigen Welt, hatte den Eindruck, völlig aus dem Ruder gelaufen zu sein und kämpfte mit körperlichen Schmerzen und Symptomen, die keine erkennbare Ursache hatte. Diese Dauerschmerzen raubten mir den Schlaf und die Nerven. Ich war unfähig, mein Energielevel aufrecht zu erhalten und fiel immer wieder in Traurigkeit, Erschöpfung und Selbstmitleid. So entstand ein Teufelskreis, aus dem ich mich nur langsam und mühsam befreien konnte.

Ich musste erkennen, dass ich mir phasenweise selbst etwas vorgemacht hatte und es immernoch einiges aufzuräumen gab. Die körperlichen Symptome hingen mit einer vergangenen Inkarnation zusammen, in der ein Trauma geschah, dass im damaligen Leben nicht geheilt werden konnte. Nachdem ich dies erkannt hatte, konnte ich den Schmerz sofort anders betrachten und einordnen. Über die in diesem Buch beschriebenen Techniken und Heilmeditationen brachte ich

Licht, Liebe und Mitgefühl in das Dunkel der Vergangenheit, spendete Trost und Sicherheit und bat meine geistige Familie um ihre Unterstützung.

Ich fand dabei auch wieder den Zugang zu den lichtvollen Energien und ließ meinen Körper damit überlaufen. Dabei lösten sich fühlbar die dunklen, schweren Gefühle auf, Zuversicht und Leichtigkeit wuchsen wieder in mir. Ich schenkte mir in den nächsten Tagen viel Ruhe und Schlaf, achtete noch bewusster auf meine Ernährung und trank sehr viel Wasser, um wieder in meine volle Kraft zu kommen. Auch Spaziergänge in der Natur mit meinem Mann und unserem Hund halfen mir, mich zu stabilisieren.

Im Austausch mit meinem Mann wurde plötzlich klar, dass diese Krise der Aufruf war, über meine persönliche Transformation zu schreiben. Es wurde deutlich, dass dies ein Bestandteil des Buches werden sollte. Und auch wenn mir sofort klar wurde, wieviele persönliche Details ich von mir und meinem Leben preisgeben würde, gab es keinen Zweifel in mir. So lasse ich dich teilhaben an meinem eigenen Entwicklungsweg und hoffe, dass meine Erfahrungen dir helfen, deine eigenen Schritte zu gehen, auch wenn es vielleicht Phasen der Ernüchterung, Verzweiflung oder Hoffnungslosigkeit gibt. Es ist eine Entwicklungsreise in die uns zustehende Vollkommenheit. Lass uns gemeinsam durch das Tor der Freiheit schreiten.

In Liebe und Verbundenheit

deine Antje

Licht und Schatten

Das Prinzip von Yin und Yang ist mir seit über 20 Jahren sehr vertraut, da wir uns in meiner damaligen Shiatsu-Ausbildung viel damit beschäftigt haben. So war mir theoretisch klar, dass in jedem Menschen das männliche und weibliche Prinzip vorhanden ist, es lichtvolle und dunkle Seiten gibt. Ich selber strebe aber bereits seit meiner frühesten Kindheit den Zustand der Vollkommenheit an. Aus unerklärlichen Gründen habe ich diesen Ausdruck seitdem ich denken kann verinnerlicht. So passte es scheinbar, brav und angepasst aufzuwachsen, denn so war mir die Liebe und Zuneigung sicher und ich dachte, auf diese Weise am schnellsten ans Ziel zu kommen, also den Zustand der Vollkommenheit zu erreichen.

Dass dies ein riesiger Trugschluss war, stellte sich bereits im Jugendalter heraus. Doch erst mit dem Kennenlernen meines Mannes mit knapp 20 Jahren wurde ich mit Seiten konfrontiert, die ich bis dahin erfolgreich verdrängt hatte. Durch jahrelange Arbeit lernte ich, einen authentischen Austausch zu pflegen, lernte zu streiten und kritikfähig zu werden. Puh, das war ein langer und anstrengender Weg. Doch es wurde noch krasser, denn die Kinder kamen mit Ende 20 auf die Welt. Durch sie lernte ich, an meine tief verdrängte Wut zu kommen, sie wahrzunehmen und herauszulassen.

Immer mehr Schattenthemen kamen hervor und wollten erlöst und angeschaut werden. So rollte ich mit 40 Jahren meine Familiengeschichte auf und konfrontierte mich mit unverarbeiteten Themen und Verletzungen aus meiner Kindheit und Jugend. In diesem Prozess nahm ich auch Kontakt zu meinem inneren Kind auf, mit dem ich mich inzwischen sehr verbunden fühle. Es fand ein heilsamer Prozess mit meinen Eltern statt und ich hatte das Gefühl, nun alle Schattenthemen bearbeitet zu haben. Doch weit gefehlt! Heftige körperliche Schmerzen forderten mich 2018 extrem heraus und brachten mich an den Rand der Verzweiflung. Drei Monate lang konnte ich mich kaum rühren und nichts und niemand war in der Lage, diesen Zustand zu verändern. Weder der Physiotherapeut, noch die Osteopathin, kein Arzt und kein Schmerzmittel konnten mir in dieser Situation weiterhelfen.

Erst durch die geistige Arbeit mit einer Heilerin kam ich Stück für Stück dem Problem auf die Spur. Die Symptome spiegelten allesamt starke Traumata und Verletzungen aus alten Leben wider, die wir nach und nach anschauten und bearbeiteten. Mit der Zeit lernte ich, selber in meinem Herzraum mit den vergangenen Verkörperungen zu reden und mit den verschiedenen Flammenkräften zu arbeiten. Es war ein sehr intensiver Prozess der Aufarbeitung, bei dem ich manchmal das Gefühl hatte, durchzudrehen. Nachdem die Dauerschmerzen endlich überstanden waren, empfand ich eine so tiefe Dankbarkeit in mir, schmerzfrei zu sein, dass ich mir vorgenommen habe, diese Phase der Schmerzen nie zu vergessen, um bewusst zu bleiben, wie wertvoll es ist, unbeschwert in seinem Körper zu leben. Noch immer war ich überzeugt, dass ich bislang nur in der Opferrolle war, ob in diesem oder in vergangenen Leben. Dass auch ich einmal als Täter unterwegs war, konnte ich mir nie vorstellen. Es war auch undenkbar für mich, einmal als

Mann inkarniert gewesen zu sein. Und so war es ein echter Schock für mich, eines besseren belehrt zu werden. Es zeigten sich Leben, in denen ich schreckliche Taten vollbracht habe. Es hat wirklich gedauert, bis ich dies annehmen konnte, so sehr hatte ich es abgelehnt und für nicht möglich gehalten. Inzwischen bin ich froh und dankbar, diese Aspekte meiner Vergangenheit zu kennen und sie für mich gelöst zu haben.

Die Welt im Wandel

Bereits im jungen Erwachsenenalter haben wir mit engen Freunden über die bevorstehende Zeit gesprochen. Damals schien alles so sonnenklar und leicht - wir konnten es kaum erwarten, Teil der großen Transformation zu sein. Viele Jahre sind seitdem vergangen und jeder von uns hat seine eigenen Erfahrungen und Entwicklungsschritte gemacht.

Nun steht er kurz bevor, der große Schritt in die neue Zeit, die uns herauskatapultiert aus unserer gewohnten Lebenswirklichkeit. Und was macht es mit mir? Ich bin hin und hergerissen zwischen einer unfassbar großen Vorfreude mit einer elektrisierten Glücksstimmung und einem Zweifel, der mit einer diffusen Angst vor Veränderung verknüpft ist. Immer wenn ich das Gefühl habe, gerade einen großen Schritt innerer Veränderung geschafft zu haben, gibt es Ereignisse, die mir das Gefühl vermitteln, wieder zwei Schritte zurück zu gehen. Dies erzeugt jedes Mal zunächst das ungute Gefühl, versagt zu haben. Erst bei späterer Betrachtung erkenne ich dann, dass es keine Rückschritte waren, sondern sich wichtige neue Erkenntnisse dahinter verbergen. Ich lerne mehr und mehr, der göttlichen Führung zu vertrauen und immer öfter im Flow zu sein. Diesen Zustand genieße ich und wünsche mir, diese Phasen in Zukunft deutlich zu verlängern und dann im Idealfall als normalen Zustand zu leben. Das eigene Energielevel anzuheben und aufrecht zu erhalten ist wohl eine der wichtigsten Aufgaben in dieser Zeit der Schwingungserhöhung. Mir helfen dabei Körper,- und Energieübungen aus dem Yoga und Qi Gong, Dehnungen der Meridiane und das von mir entwickelte ChiYou Eigen-Shiatsu.

Außerdem liebe ich es, in der Natur zu sein. Dort tanke ich regelmäßig Energie, komme zur Ruhe, schalte ab und finde zurück in mein inneres Gleichgewicht.

Und doch gibt es Tage, an denen ich mich aus der Bahn geworfen fühle und von jetzt auf gleich das Gefühl habe, jemand hat mir den Stecker gezogen. Dann geht einfach gar nichts mehr und ich muss die Pausetaste drücken. Meist hilft mir dann ein Mittagsschlaf, Affirmationen oder eine kraftvolle Meditation, manchmal verführt mich aber auch ein Cappuccino oder ein Stück Schokolade. Teilweise gehen diese Phasen auch mit körperlichen Symptomen wie Kopfschmerzen einher. Oder es treten wandernde Rückenschmerzen auf, die keine nachvollziehbare Ursache haben. Es kommt auch vor, dass alte Symptome nochmal auftauchen, so als ob sie nach endgültiger Heilung rufen. Manchmal habe ich den Eindruck, dass jetzt gerade alles an die Oberfläche kommt, was bislang im

Unterbewusstsein irgendwo verdrängt war.

Nun geht es also um die Bewusstwerdung alter Geschichten. Ein Prozess, der Zeit braucht und einen ganz schön fordern kann, finde ich.

Aber mit jedem Schritt geht es in Richtung Erwachen, das gibt mir die Kraft und den Mut, weiter zu gehen. Zwischendurch ist es mir manchmal aber auch einfach zuviel, dann würde ich mich am liebsten irgendwo verkriechen. Doch dann spüre ich: es gibt keinen Weg mehr zurück! Der innere Funken geht nicht mehr aus, der Drang der Weiterentwicklung ist größer als der Verdrängungsmechanismus. Und das ist gut so!

Lichtwesen Mensch

Bereits im jungen Erwachsenenalter faszinierten mich die Themen Energiekörper, Meridiane und Chakren. Schon kurz nach meiner Ausbildung zur Physiotherapeutin besuchte ich Fortbildungen, die sich mit diesen Themen beschäftigten. Hier fand ich Antworten, die mir die rein physisch ausgerichtete Grundausbildung nicht geben konnte. So schloss ich eine 3-jährige Shiatsu-Ausbildung an und studierte mit großem Interesse die 5 Elemente-Lehre, das Meridian-System und wichtige Akupressurpunkte. Neben dem theoretischen Wissen lernte ich, die Energie zu fühlen und mit ihr zu arbeiten. Die größte Herausforderung war, dem eigenen Gefühl vertrauen zu lernen und die Behandlung nicht zu planen, sondern einfach geschehen zu lassen. Denn bei dieser "Kunst der Berührung" entsteht ein besonderer Raum zwischen Klient und Behandler, der eine nonverbale Kommunikation ermöglicht. Es entstehen Impulse, die jede Behandlung einzigartig machen. So lernte ich, mich führen und leiten zu lassen und meinen Verstand als Beobachter zu nutzen.

Auch in meiner Yoga-Ausbildung Mitte der 90er Jahre ging es um die Anbindung an die geistige Welt. Mein Yoga-Lehrer hatte mich nach einigen Jahren angesprochen und mir mitgeteilt, dass es nun an der Zeit war, selber Yoga zu unterrichten. Ich war damals vollkommen überrascht und werde diesen Moment sicher nie vergessen. So erhielt ich eine sehr persönliche Ausbildung direkt bei meinem Yoga-Lehrer und stellte mich den neuen Aufgaben und meiner persönlichen Weiterentwicklung. Ich beschäftigte mich mit den Ursprüngen des Yoga und nahm auch während der intensiven Übungsstunden immer wieder die Präsenz der geistigen Welt wahr. Die Chakra-Lehre und das Studieren der unterschiedlichen Aura-Schichten faszinierten mich schon damals sehr.

Diese Zeit hat mich sehr geprägt, und ich bin meinem Yoga-Lehrer bis heute unendlich dankbar für diese besondere Zeit. Bis heute spielen Yoga und Shiatsu eine große Rolle in meinem Leben. Ich nutze Übungen und Eigen-Behandlungen in meinem Alltag und habe das "ChiYou" Eigen-Shiatsu entwickelt, bei dem man die eigenen Meridiane dehnen und behandeln kann. Ich gebe Kurse und halte Vorträge, um mein Wissen und meine Erfahrungen weiter zu geben. Dies erfüllt mich mit großer Freude!

Energie folgt der Aufmerksamkeit

Bereits in meiner Yoga-Ausbildung vermittelte mir mein Lehrer Zitate von Elisabeth Haich, die sagte: "Stell dir deine Wirklichkeit vor und deine Vorstellung wird Wirklichkeit". Als junge Frau schien mir dieser Ausspruch wahr und einleuchtend und ich versuchte im Laufe meines Lebens mehr und mehr danach zu leben.

Allerdings gab und gibt es immer wieder Phasen, in denen mir der Fokus auf das Wesentliche verloren geht und ich mit meinen Gedanken und Gefühlen auf Abwegen bin. Dann spüre ich, wie machtvoll eingefahrene Denkmuster sein können und wie mühsam ich mich dann selber wieder hinausbefördern muss. Jedes Mal nehme ich mir dann vor, schneller Einhalt zu gebieten und nicht mehr auf meine eigene Masche hereinzufallen.

Mit dem Schreiben dieses Buches fällt es mir zunehmend leichter, mir selber schneller auf die Schliche zu kommen. Ich spüre viel deutlicher, wann ich aus meinem neuen Bewusstsein herausfalle und kann den Kurs dann meist rasch korrigieren. Auch meine Familie macht mich aufmerksam, wenn ich zum Beispiel in die alte Opferrolle falle. Dafür bin ich sehr dankbar, auch wenn es in der Situation unangenehm ist, "ertappt" zu werden. Doch auf diese Weise bekomme ich sofort zurückgemeldet, welche Ausstrahlung ich habe und welche Resonanzfelder ich aussende.

Die eigene Schöpferkraft erkennen

Die Konfrontation mit eigenen Unzulänglichkeiten war schon immer eine Herausforderung für mich. Mein hoher Anspruch an mich selbst förderte fortlaufend den Drang nach persönlicher Weiterentwicklung, setzte mich aber auch unter Druck, noch perfekter und vollkommener zu werden. Ich versuchte viel von der Verstandesebene aus zu lösen, war gefangen in dem Kontrollzwang, den ich mir selber angewöhnt hatte. Seit meiner Kindheit lief das Programm, allen gefallen zu wollen und bloß nicht negativ aufzufallen.

So lebte ich brav und angepasst die Rolle des braven Mädchens, das sich mit den Jahren immer mehr von seinem wahren Wesenskern entfernte und das Bewusstsein für das eigentliche Selbst verlor. Mein Kopf übernahm das Ruder und ich lebte immer abgeschnittener von meinen Gefühlen. Erst als junge Erwachsene kam ich Schritt für Schritt wieder an sie heran und lernte, sie wieder wahrzunehmen und zuzulassen.

Durch die Yoga-Ausbildung lernte ich, tiefere Ebenen meines Seins zu ergründen und den Zustand des ICH BIN-Bewusstseins zu erfahren. In dieser Zeit saugte ich auch in der Shiatsu-Ausbildung das Wissen auf wie ein Schwamm und genoss die gegenseitigen Behandlungen. Ich fühlte mich genährt, getragen und angenommen, so wie ich bin. Durch die Anwendung des Wissens im Alltag veränderten sich viele Dinge auf wundervolle Weise.

Gemeinsam mit meinem Mann machte ich mich auf den Weg in ein bewusstes Leben, in dem wir die Schöpferkräfte nutzten und mehr und mehr lernten, der inneren Stimme zu vertrauen. Mit dem Schreiben dieses Buches wurden mir viele Dinge noch bewusster. Ich erkannte, dass wichtige Grundlagen gelegt wurden, aber die wirkliche Durchdringung noch fehlte.

So tauchten bei der Meditation zu den Visionen für das wahre Selbst neue, sehr interessante Bilder auf, die Situationen aus der Jugendzeit zeigten. Ich fühle dadurch den Zugang zu vergangenen Aspekten meines Wesens, die viele Jahre vergraben und ungelebt waren und nun wieder ans Licht geholt werden dürfen. Es ist eine spannende Reise in eine neue Identifikation, in der angelegte Potentiale und Gaben wieder angeschaut und gelebt werden können, wenn wir genug Mut und die Bereitschaft aufbringen, die Verwandlung zuzulassen.

Entfaltung des eigenen Potentials

Das Stöbern in der eigenen Schatzkiste macht mir zunehmend mehr Spaß. Ich finde erstaunlich, was es dort alles zu entdecken gibt. Manchmal kann ich es selber nicht glauben, welche Schätze dort zu Tage kommen. Dann bin ich hin- und hergerissen zwischen dem tiefen Gefühl der Dankbarkeit und dem Zweifel, ob es auch wirklich aus meiner Schatzkiste entstammt.Das Annehmen dieser versteckten Anteile und Gaben meines facettenreichen Selbstes fällt mir teilweise wirklich schwer. Zu groß ist die falsche Bescheidenheit, die mich mein Leben lang begleitet hat und immer wieder auftaucht. Zu groß ist aber gleichzeitig die Angst und Unsicherheit, die tief verborgenen Anteile zu leben und zu zeigen.

So ist es auch eine echte Herausforderung für mich, mit diesem Buch meine Fähigkeit des Channelns öffentlich zu machen. Mit diesem "coming out" lasse ich die Welt an einem Aspekt von mir teilhaben, den ich erst ganz neu wiederentdeckt habe und der mir sehr heilig ist.

Ich weiß, dass dieses Buch ein Geschenk der geistigen Welt an die gesamte Menschheit ist und bin dankbar und glücklich, dass ich es schreiben und überbringen darf. Das Überwinden von Selbstzweifeln ist in jedem Fall noch ein Thema von mir, an dem ich dranbleiben sollte.

Eine Eigenschaft, die sehr hinderlich ist, seine Geschenke zu zeigen, ist die Zurückhaltung. Seitdem ich denken kann, bin ich ein zurückhaltender Mensch, wurde schon früh als solcher abgestempelt und habe mich selber immer so gesehen und wahgenommen.

In dieser Rolle ist es natürlich schwer, sein gesamtes Wesen zu zeigen, denn man hält ja immer etwas zurück. Es scheint mir inzwischen auch ein völlig unnatürlicher Zustand zu sein, denn die Natürlichkeit und das authentische Verhalten wird nicht gelebt. Wie mit einer angezogenen Handbremse fährt man durchs Leben und wundert sich, dass es sich manchmal ruckelig anfühlt oder anfängt zu stinken.

Inzwischen habe ich in vielen Bereichen die Handbremse gelöst, halte manchmal aber noch den Fuß auf der Bremse, um im Notfall reagíeren zu können. Das komplette Vertrauen ist noch nicht da, aber ich bin auf dem Weg, mir mehr und mehr zuzutrauen und mich den Herausforderungen der Potentialentfaltung zu stellen.

Sehr geholfen hat mir die Übung der reinigenden Lichtsäule. Hierbei habe ich mit meinem inneren Kind sehr reinigende und erlösende Momente erlebt. Diese Übung hilft mir sehr, wenn ich das Gefühl habe, dass wieder einmal altes an mir haftet, was ich nicht loswerde.

Eine Fähigkeit, die ich in den letzten Jahren entwickelt habe, ist mich selber zu loben und von Herzen stolz auf mich zu sein. In der Vergangenheit waren dies unbeschriebene Blätter für mich. Ich konnte mich einfach nicht loben und schon garnicht stolz auf mich sein. Alles was ich tat war für mich einfach immer selbstverständlich und nicht wert, mehr beachtet zu werden. Auch das Annehmen von Lob und Anerkennung von anderen war anfangs schwer für mich. Heute fällt es mir leichter, diese Rückmeldungen anzunehmen und mich darüber zu freuen.

Dass sich Entfaltung auf sehr unterschiedliche Art und Weise zeigen kann, hat mir das Bild aus der Natur verdeutlicht. Es gibt Blüten, die ein Blatt nach dem anderen öffnen und andere, die mit einem Mal die gesamte Blütenpracht zeigen. Was ich als großes Glück betrachte ist, dass ich sehr gut Zeit mit mir allein verbringen kann. Ich suche nicht mehr die Geborgenheit oder Sicherheit im Außen oder bei anderen Menschen, sondern fühle mich in mir selbst zuhause. Dies hängt sicher mit der Heilung meines inneren Kindes zusammen, um das ich mich mit etwa 40 Jahren intensiv gekümmert habe. Seitdem fühle ich mich mit dem Mädchen in mir eng verbunden und schenke ihm die Geborgenheit, Liebe und Wertschätzung, nach der es sich so viele Jahre gesehnt hatte.

In meiner damaligen Reise zu meinem inneren Kind war ich sehr erschrocken, da es völlig zusammengekauert in einer Höhle saß und nichts von mir wissen wollte. Es hat gedauert bis Vertrauen entstand und wir gemeinsam Hand in Hand durch den Wald gelaufen sind. Viele Tränen sind geflossen und viel Aufmerksamkeit und Mitgefühl war nötig, um unsere Beziehung zu stärken und die alten Verletzungen zu heilen. Ich erinnere mich, wie ich bei Spaziergängen mit meinem inneren Mädchen laut gesprochen habe. Es gab auch Zeiten, da habe ich ihm etwas vorgesungen und mich auf diese Weise mit ihm verbunden.

Auch heute liebe ich es, alleine in der Natur zu sein, den inneren Impulsen zu folgen und zu spüren, was mein inneres Mädchen glücklich macht. In der Natur wird mein Herz weit, mein Kopf leicht und frei, alles in mir dehnt sich aus. Ich fühle mich verbunden, glücklich und in Harmonie.

Gerade in den letzten Zeiten der äußeren Turbulenzen zog es mich magisch in die Natur und besonders in den Wald. Hier finde ich Zugang zum höheren Wissen, bin angeschlossen an die Schöpfung und das übergeordnete Sein. Im Wald tanke ich auf und nutze alle Sinne, um die Energie in mich aufzunehmen.

Was das Thema Ernährung angeht, spüre ich gerade in der letzten Zeit vermehrt den Wunsch nach hochwertigen, reinen Lebensmitteln. Ich verspüre eine Abneigung gegen Fleisch, war aber eh die meiste Zeit meines Lebens vegetarisch unterwegs. Über Ruediger Dahlke bin ich auf die vegane, vollwertige Ernährung gekommen und finde besonders sein Buch "Die Lebensenergie in unserer Nahrung" sehr wichtig. Darin beleuchtet er unterschiedliche Ansätze einzelner Kulturen, die nicht nur auf die Vitamine sondern auch die enthaltene Energie achten. Dies ist auch wichtiger Bestandteil der Ernährung nach den 5 Elementen sowie der ayurvedischen Tradition, mit der ich mich auch beschäftigt habe und Teile davon regelmäßig anwende. Es gibt aber auch Phasen, in denen ich in alte Ernährungsmuster zurückfalle. Dabei merke ich auch die Macht von Gewohnheiten, die sich dann auf dem Teller zeigen.

Wie wichtig Wasser für unsere Gesundheit ist, weiß ich natürlich seit vielen Jahren. Und doch schaffe ich es nicht immer, die empfohlene Menge zu erreichen. Immerhin beginne ich den Tag mit einem großen Glas warmem Wasser. Dieses Ritual ist schon eine gute Grundlage, finde ich.

Die Macht der Liebe

Beim Schreiben dieses Kapitels habe ich mich an viele Situationen meines Lebens erinnert. Als kleines Mädchen fühlte ich mich geliebt und angenommen, hatte insgesamt eine unbeschwerte, glückliche Kindheit. Allerdings wurden bereits früh Bedingungen an diese Liebe gestellt, so dass ich lernte, mehr Zuneigung und Anerkennung zu erfahren, wenn ich den Erwartungen meiner Eltern und des Umfelds entsprach. So war ich die liebe, brave, angepasste Antje, stets bescheiden und gut zu lenken. Da auch meine ältere Schwester diesen Weg eingeschlagen hatte, gab es für mich auch kein anderes Vorbild. Gefühle auszudrücken hieß in meiner Familie einfach kuscheln. Wie habe ich diese intensive Nähe und Geborgenheit genossen!

Doch verbal wurden Zuneigung, Liebe und Anerkennung kaum ausgedrückt. So fehlten die Aussprüche "Ich hab dich lieb", "Du bist wunderbar" oder ähnliches. Ich erinnere mich noch, wie überrascht ich war, als mir meine Patentante mit etwa 5 Jahren sagte, dass meine braunen Augen zu den blonden Haaren wunderschön aussähen. Es war ein so aufbauendes, stärkendes Gefühl, das ich von außen nicht kannte. Stattdessen erinnere ich mich an eine Bezeichnung von einem Freund meiner Eltern, die er jedes Mal brachte, wenn er mich sah. Er nannte mich "Käse-Antje", fand das furchtbar witzig und alle Erwachsenen lachten sich jedesmal kaputt. Dass es zu dieser Zeit eine Frau Antje aus Holland im Fernsehen gab, war mir zwar bewusst, ich verstand aber nicht, was es mit mir zu tun hatte. So dachte ich, ich stänke nach Käse oder ähnliches und litt unter dieser Situation. Leider fehlte mir der Mut, über meine Gefühle zu sprechen und so verschloss ich nach und nach mein Herz, um nicht noch mehr verletzt zu werden. Bis zu meinem Erwachsenenalter musste ich mir dazu immer wieder anhören, wie ähnlich ich meinem Vater sähe. Wer bitteschön möchte als Mädchen oder Frau aussehen wie der eigene Vater? All solche Erlebnisse prägten mich und ich litt unter starken Minderwertigkeitskomplexen und Selbstzweifeln. Dementsprechend gering war mein Selbstbewusstsein und meine Selbstliebe.

Heilung setzte hier nachhaltig ein, als ich mich um mein verletztes inneres Kind kümmerte, es tröstete, aufbaute und liebte. Das Ausdrücken von Gefühlen lernte ich in der Beziehung mit meinem Mann, den ich bereits mit 19 Jahren kennenlernte. Doch es gab und gibt sogar heute noch Situationen, in denen er sich wundert, dass ich meine Liebe nicht verbal ausdrücke. Zum Glück konnten wir unseren Söhnen unsere Liebe erwartungsfreier vermitteln, so dass sie in der Lage waren, sich zu sehr authentischen, selbstbewussten Persönlichkeiten zu entwickeln.

Die falsche Bescheidenheit ist sowohl meinem Mann als auch mir schon oft zum Verhängnis geworden. Was zu Kindertagen als große Tugend galt, entpuppte sich schnell als Hemmschuh auf dem Weg der eigenen Weiterentwicklung. Stück für Stück lernen wir nun, uns davon zu befreien und uns für die wunderbare Fülle des Universums zu öffnen.

Das Thema Mitgefühl wurde ja auch beleuchtet, was ich sehr wichtig finde. Wie wertvoll ist es zu lernen, für sich selber Verständnis und Mitgefühl zu entwickeln. Damit gelingt auch das sich selbst umarmen immer besser finde ich. Allerdings erwische ich mich zwischendurch immernoch dabei, nicht alle Anteile voll annehmen zu können. Hier ist auf jeden Fall noch Potential nach oben.

Extrem kraftvoll finde ich den Teil des Kapitels, in dem über die Freude gesprochen wird. Was für ein schönes Bild, dass Freude gelebte Liebe ist! Wohltuend empfinde ich auch den Hinweis, Mühe durch Freude zu ersetzen. Wenn es gelingt, alles in freudiger Stimmung zu tun, kann sich das Mühsame, Anstrengende einfach nicht halten. Diese Erfahrung habe ich während des Schreibens des Buches oft machen können.

Durch die Bewusstwerdung konnte ich im Alltag wahrnehmen, wann alte Muster abliefen, ich ins Müssen, Schaffen, Anstrengen kam und die Freude damit verschwand. So konnte ich lernen, eine neue Entscheidung zu treffen und den Fokus auf Freude und Leichtigkeit richten. Die größte Herausforderung war und ist für mich dann, mich nicht von den Stimmungslagen der Familie oder des Umfelds herunterziehen zu lassen. Inzwischen versuchen wir, uns gegenseitig an die lichtvollen Stimmungen zu erinnern und damit aus alten Gewohnheiten und Verhaltensmustern auszusteigen.

Erleuchte dein Leben

Beim Schreiben dieses Kapitels wurde mir noch einmal bewusst, wie sehr die unterschiedlichen Bereiche miteinander verbunden sind. Wir selber können jeden Tag entscheiden, mehr Licht in das eigene Leben zu bringen. Ich habe es mir zur guten Gewohnheit gemacht, gleich morgens lichtvolle Gedanken zu bewegen und den kommenden Tag zu segnen. Noch im Bett liegend habe ich dann bereits ein gutes Gefühl und starte deutlich bewusster in den Tag.

Auf körperlicher Ebene nutze ich Yoga, Qi Gong und Chi-You Eigen-Shiatsu, um meine Lichtprozesse zu unterstützen. Auch Meditationen mit Licht,- und Flammenkräften finde ich hier sehr hilfreich. Es gibt natürlich auch Zeiten, in denen ich diesen wertvollen Raum für mich hinten runterfallen lasse. Dann spüre ich aber ziemlich schnell, dass ich mich vernachlässige und nicht gut für mich sorge. Meist erinnert mich mein Körper über eine stille Sehnsucht. Wenn ich länger nicht darauf höre, können auch Symptome hinzukommen, die mich dann deutlicher auf die Wichtigkeit hinweisen.

Die Befreiung vom Ego

Dieses Kapitel war für mich sehr erhellend. Ich habe gemerkt, wie oft ich im Ego-Modus lebe und wie schwer es mir fällt, aus alten Mustern auszusteigen, wenn ich bereits drinstecke. Doch zunehmend entwickle ich eine vorausschauende Wachsamkeit, die mir hilft, zu erkennen, wann ich dazu neige, dem Ego zu folgen und alte Pfade zu beschreiten. Es tut gut, innerlich einen Schritt zurückzugehen, die ICH BIN-Atmung anzuwenden und zum Beobachter zu werden. Manchmal bin ich dann selbst überrascht und etwas beschämt, wie kindisch ich mich verhalten habe. Sich vom Ego zu lösen tut aber gut, das habe ich inzwischen bemerkt. Dann wird mir bewusst, dass es nur ein kleiner Teil von mir ist, der sich selbst nur allzu wichtig nimmt und aufplustert wie ein großer Schwan. Teilweise finde ich es schon sehr lustig, welche Tricks das Ego so auf Lager hat.

Den Hinweis auf die Fallstricke fand ich auch sehr hilfreich. Mir war es zuvor noch nie so extrem bewusst, wie wichtig die rasche Umwandlung von negativen Gedanken und Gefühlen ist. Mit zunehmender Wachsamkeit durchschaue ich auch mein Umfeld immer klarer und erkenne deutlich, wann mein Gegenüber seine Ego-Spielchen auslebt. Es ist dann wirklich entscheidend, wie ich darauf reagiere. Gelingt es mir, liebevoll aber gleichzeitig klar zu sein, kommt der Hinweis meist besser an, als wenn ich in eine zu strikte Ansprache gehe.

Mir fällt es zum Glück immer leichter, schnell zu reagieren und auch ich werde gerne und prompt erinnert, wenn ich wieder einmal mein altes Verhalten zeige. Kritik anzunehmen ist natürlich nicht immer leicht. Zu Beginn unserer Paar-Beziehung mit knapp 20 Jahren konnte ich keine Kritik ertragen, da ich sofort Angst hatte, dass ich nun nicht mehr geliebt werde. Selber Kritik auszusprechen war ebenfalls extrem schwierig für mich. Es hat Jahre gedauert, bis ich gelernt habe, Kritik zu äußern ohne mich schlecht zu fühlen. Doch die Veredelung steht nun an, denn bisher gab es meist Verknüpfungen mit der Ego-Ebene auf beiden Seiten. Kritik wirklich als "Entwicklungsbooster" zu sehen, finde ich hilfreich, um schneller mit den Schattenanteilen aufzuräumen. Ich merke, wie heilsam es sein kann, Kritik offen anzunehmen und Dinge mit Abstand zu betrachten. Eigenes Fehlverhalten zu erkennen und zuzugeben ist nicht immer leicht, birgt aber riesige Chancen der persönlichen Selbsterkenntnis und Weiterentwicklung.

Die Befreiung von der Angst

Angst habe ich in meinem Leben als sehr starke, einnehmende Emotion kennengelernt. Es gab schon sehr früh prägende Ereignisse, die mein Angstfeld nährten und sich schließlich in meiner Aura manifestierten. So begleitete mich die Angst vor einer schlimmen Krankheit, die in meiner Jugend ihren Ursprung hatte. Nachdem im Freundeskreis meiner Eltern Hautkrebs diagnostiziert worden war, beobachtete meine Mutter mit besorgtem Blick ein Muttermal an meiner Brust, das seine Farbe geändert hatte. Ich bekam einen großen Schrecken und beäugte es selber jeden Tag. Da ich gerade mitten in der Pubertät steckte, war das Zeigen dieses Bereiches eh ein kritischer Punkt für mich. Es verging einige Zeit, bevor wir einen Hautarzt aufsuchten. Dieser stellte fest, dass es völlig harmlos war. Es wurde dennoch entfernt und die Erleichterung war groß. Und doch ließ mich diese Angst vor einer schlimmen Krankheit nicht los, sie hatte sich verselbstständigt. Nicht immer war sie mir bewusst, doch es gab immer wieder Situationen, in denen ich sie spürte. Erst vor einigen Jahren schaffte ich es mit Hilfe einer Heilerin, mich von dieser Angst zu lösen. Ich konnte sie wie einen schwarzen Mann wahrnehmen, der sich in meiner Aura befand. Seitdem fühle ich mich auf dieser Ebene sehr befreit.

Neben dieser mächtigen Angst schwelten jedoch noch etliche weitere Ängste in mir, wie zum Beispiel die Angst zu versagen, Angst mich zu zeigen, Angst vor Spinnen, Angst unter Wasser, Platzangst usw. Durch die kraftvollen Meditationen in diesem Buch konnte ich auch hier große Entwicklungsschritte gehen. Die Anbindung an die geistige Welt hilft mir ebenfalls, noch mehr Vertrauen zu offenbaren und mir meiner eigenen Schöpferkraft bewusst zu sein. Die Gewissheit, dass Angst nicht dort sein kann, wo die Liebe ist, gibt mir Hoffnung und Kraft. Das Erkennen der Ursachen für die manifestierten Ängste hat mir ebenfalls dabei geholfen, Verständnis zu entwickeln und die Mechanismen zu verstehen. Nun bitte ich mein höheres Selbst, mir die Angst nur noch als sinnvolles Warnsystem zu schicken, um mich vor echter Gefahr zu schützen.

In diesen Zeiten begegne ich oft Menschen, die ängstlich wirken und von den Umwälzungen einfach übermannt sind. Die kollektive Angst ist phasenweise deutlich spürbar. Ich habe dann das Bild von klebrigen schwarzen Spinnweben vor mir, die die Menschen umgeben und einhüllen. Das Energielevel sinkt und die Liebesschwingung nimmt deutlich ab. Doch zum Glück nehme ich auch gleichzeitig viele Menschen wahr, die wachsam sind, in sich ruhen und Licht und Liebe aussenden. Diese Leuchttürme geben mir große Hoffnung, und ich habe das tiefe Gefühl, ja sogar eine innige Gewissheit, dass die dunklen Wolken der Angst verschwinden werden. Im gleißend hellen Liebeslicht haben sie keine Möglichkeit mehr, sich anzuhaften und zu vermehren. Wie heißt es so schön in dem Kapitel: "Feier die Liebe, feier das Licht." Indem jeder Einzelne sich ganz einstimmt auf die Frequenzen der Liebe, der Freude und des Lichts wird dies wie ein Lauffeuer die Herzen der Menschen erhellen und die Angst fortspülen. Die Liebe zu sich selbst ist ein wesentlicher Schlüssel zum Schutz vor Angst, Ohnmacht und Selbstzweifeln.

Werde zum Leuchtturm

Das Schreiben dieses Kapitels hat mir ehrlich gesagt sehr viel Hoffnung geschenkt. Ich fühle die vielen anderen Leuchttürme in meinem Herzen und meine Seele kennt etliche davon. Gerade in den letzten Monaten habe ich viele wiedergetroffen und wiedererkannt, was mir ein wohliges, geborgenes und kraftvolles Gefühl vermittelt.

Das lichtvolle Wirken jedes Einzelnen verstärkt sich ungemein durch die bewusste Vernetzung und das Zusammenspiel auf feinstofflicher Ebene. Wahre Kommunikation findet auf Herzensebene statt und dies wird immer wichtiger in diesen besonderen Zeiten. Sich gegenseitig Halt und Orientierung zu schenken ist beglückend, stärkend und ein gelebter Akt der

Liebe. Das Gewahrwerden des wichtigen Schlüssels, trotz der Stürme im Außen ganz bei sich zu bleiben und im Hier und Jetzt zu sein, scheint mir die wesentliche Aufgabe. So gelingt es, den beschriebenen Flow-Zustand zu erreichen und zu halten. Mir selber hilft es, in die Natur zu gehen, wenn ich mich wieder einmal aus der Bahn geworfen fühle oder mein Verstand sich wieder in den Vordergrund spielt. Besonders im Wald finde ich schnell meine innere Balance, fühle die starke Verbindung zu den Naturelementen, erfreue mich an der Schönheit der Bäume und Pflanzen und kann hier das empfohlene Segnen sehr leicht umsetzen.

In der Natur gelingt mir auch das Schreiben wunderbar leicht. Hier bin ich angeschlossen, glücklich und frei, also aufnahmebereit für die Botschaften, die ich empfangen darf. Es erfüllt mich mit großer Freude und Dankbarkeit, meine Berufung leben zu können. Dass es eine sehr facettenreiche Berufung ist, stellt mich teilweise vor ziemliche Herausforderungen im Zeitmanagement. Doch wie in diesem Kapitel deutlich wurde, ist Zeit relativ und kann von jedem individuell genutzt werden. Ich übe mich darin, noch mehr im Augenblick zu sein und in der Freude und Leichtigkeit bei all meinem Wirken zu bleiben. Je besser mir dies gelingt, umso positiver strahle ich diese Stimmung auch in mein Umfeld.

Manchmal kann ich diesen Zustand nicht beibehalten, wenn negative Stimmungen und Stress in meinem Umfeld auf mich einwirken. Dann spüre ich, wie schnell mein Energielevel sinkt und ich von meinem eigenen Kurs abkomme. Doch fällt es mir inzwischen glücklicherweise sehr schnell auf, so dass ich meinen Kurs korrigieren kann. Zu meiner inneren Wahrheit zu stehen fällt mir inzwischen auch viel leichter. Ich erinnere mich noch gut daran, wie ich früher gefangen war in dem Muster, allen gefallen zu wollen.

Seitdem ich mich von diesem Wunsch oder Anspruch gelöst habe, fühle ich mich viel befreiter und kann zu mir und meinen Ansichten und Gefühlen stehen. Ich vertraue dem Gefühl meines Herzens, wenn ich mit Informationen im Außen konfrontiert werde. Mein Herz kennt die Wahrheit und dient mir wirklich als Kompass in diesen ereignisreichen Zeiten.

Visionen für eine lichtvolle Welt

Oh ja, mit jeder Faser meines Seins fühle ich diese Visionen und die Vorfreude wächst von Tag zu Tag! Ich spüre, dass wir mit vielen Seelen auf dieses Ereignis hinfiebern und bei diesem großartigen Wandel dabei sein wollen. Wir können mitgestalten und das neue Leben auf Erden vorbereiten. Ich fühle das Wachsen der Lichtfamilie, und mir kommen die Tränen, wenn mir dieser Prozess so richtig bewusst wird. Es erwachen so viele Menschen in kurzer Zeit und fühlen ihre göttliche Bestimmung. Sie leben mehr und mehr ihre innere Wahrheit, sie stehen zu ihren Herzensimpulsen und entdecken ihr innewohnendes Potential. Das kollektive Erwachen katapultiert uns alle in eine neue Dimension der Wahrnehmung. Gemeinsam werden wir den Aufstieg meistern und uns von alten Begrenzungen befreien. Das Vertrauen in die Entwicklung der Menschheit ist wichtig, aber vor allem das Vertrauen in sich selbst entscheidend. Hier erlebe ich noch immer Phasen, in denen mein Vertrauen in die eigene Kraft oder die eigenen Fähigkeiten noch stärker sein könnte. Ich bin aufgefordert, mich hinzuschenken und tiefes Urvertrauen in jeder Sekunde meines Lebens zu fühlen. Das wahre Selbstvertrauen darf noch wachsen und gedeihen, dessen bin ich mir bewusst. Die Entwicklungsreise ist noch nicht zuende, auch wenn das Buch nun fast vollendet ist. Meine eigene Geschichte geht weiter, die Entwicklung schreitet voran, und ich freue mich auf den weiteren Weg meiner Transformation ins Licht.

Mein Fazit

Die spannende Entwicklungsreise geht weiter, und ich freue mich auf jede der einzelnen Etappen, selbst wenn es mit großer Wahrscheinlichkeit auch weiterhin Höhen und Tiefen geben wird. Ich habe festgestellt, dass mein Körper in den letzten Monaten viel Aufmerksamkeit brauchte und er Unterstützung benötigte, um sich von vielen Belastungen zu befreien, die seit Jahrzehnten bestehen. Mein Eindruck ist, dass auf physischer Ebene Nachholbedarf besteht, und so habe ich zunächst etliche Untersuchungen machen lassen, um herauszufinden, wo ich ansetzen kann, um meinen Körper zu reinigen und zu entgiften. Mir wurde bewusst, dass ich vieles so selbstverständlich erachtet habe und ich viel mehr Dank in jeden Winkel meines Körpers schicken müsste. Er ist tagtäglich dabei, Vorgänge zu optimieren um uns bestmöglich am Leben zu halten.

Zwiegespräch

Nun steht das Buch kurz vor der Vollendung und ich fühle mich, als stünde ich am Anfang meiner Entwicklung. Meine Stimmung ist am Tiefpunkt, mein Körper fühlt sich schwach an, die Nieren schmerzen. Wie soll ich denn in dieser Situation den Kanal aufrecht erhalten und die Anbindung nutzen? Ich fühle mich echt verzweifelt, müde, traurig und unendlich leer. Es fällt mir schwer, diesen Zustand auszuhalten, komme zur Zeit aber leider nicht heraus. Ich könnte mich verstecken, vergraben, die Decke über den Kopf ziehen und doch weiß ich, dass es einen Ausweg gibt. Hier im Wald fühle ich mich etwas wohler, die Worte fließen hinaus, der Schmerz und die Verzweiflung dürfen da sein. Ich schenke ihnen den Raum und meine Aufmerksamkeit und doch stelle ich mir die Frage, warum es schon wieder nötig ist. Ich habe doch schon sooo viele Baustellen bearbeitet, alte Traumata geheilt, vergangenen Schmerz gelöst und verwandelt. Wann hört es denn einfach mal auf? Wann schaffe ich es, auf meinem höheren Schwingungslevel bleiben?

Oh, das sind sehr viele Fragen, die du mir stellst. Sei gewiss, es geschieht nur zu deinem höchsten Wohl. Alte Muster, vergangene Schmerzerinnerungen und etliche Traumata jahrhundertelanger Inkarnationen lösen sich nicht über Nacht. Habe Geduld, habe Vertrauen und schließe Frieden mit den Prozessen, die gerade in dir vollzogen werden. Ja, es sind Dinge die in dir ablaufen, die in uralte Zeiten zurück-reichen. Wie in einer riesigen Matrix sind alle Erinnerungen deiner lichtvollen Seele gespeichert. Nun ist die Zeit gekommen, in der sich der Wandel auf allen Ebenen deines Seins vollziehen darf. Erwarte keine Wunder über Nacht, sondern schenke dich ganz diesem wesenübergreifenden Verwandlungsprozess hin. Die ganze Welt mit allen Lebewesen wird angehoben in dieser Zeit der großen Transformation. Aber das Wunder geschieht in vielen kleinen und großen Schritten und darf mit deiner Liebe, deiner Geduld und deiner Nachsicht begleitet werden.

Widme deinem Körper noch mehr Aufmerksamkeit, schenke ihm Vertrauen und sende ihm deine wahre Liebe und Anerkennung. Großes hat er geleistet in diesem Leben, übe Dankbarkeit und bade deinen Körper darin. Flute jede Zelle mit Liebe, Licht und Dankbarkeit. Durchlichte deine Gedanken und Gefühle und werde dir wieder und wieder deiner wundervollen Schöpferkraft bewusst. Du erschaffst deine Wirklichkeit, du bildest dir eine neue Welt und eine neue Daseinsform. Durchbreche den Sog alter Energiemuster, löse dich noch vehementer von Angst, Ohnmacht, Scham und Schuld.

Die Schwingungserhöhung hilft dir dabei, es diesmal leichter zu schaffen als es jemals zuvor in der gesamten Menschheitsgeschichte möglich war. So hadere nicht, vertraue, lass los und genieße das Leben im Hier und Jetzt. Genieße dich selbst, genieße die Natur, genieße den Regen, genieße das Zwitschern der Vögel und die Verbindung zu deinem Hund, dem Weggefährten seit Jahrtausenden. Suche Trost in der Verbindung zu allem was ist, werde eins mit der Natur und spüre die göttliche Kraft in dir.

Ich danke dir von Herzen für deine Worte, den Zuspruch und die Hoffnung, die mir diese Zeilen vermitteln. Vieles scheint so einfach und dennoch fällt mir die Umsetzung in Phasen wie diesen so unendlich schwer. Es kamen uralte Ängste hoch, Albträume begleiten mich seit Tagen und mein Schlaf ist extrem unruhig, meist auch oberflächlich. Wird es immer wieder diese Phasen geben?

Das vermag ich nicht zu sagen, denn es liegt an jedem Lebensstrom selber, in welcher Art und Weise der Erwachungsprozess geschieht. Vertrau der göttlichen Führung, werde weit, offen und aufnahmebereit für Informationen und Hinweise aus der geistigen Welt. Wann immer du Hilfe brauchst, deine geistigen Helfer sind bei dir, dessen sei gewiss! Das Auftauchen alter Ängste ist sehr typisch in diesen Zeiten des Aufstiegs. Sie binden alte Energie und senken das Schwingungslevel. Durch ihre Präsenz wirst du aufgefordert, dich von ihrem jahrtausendealten Einfluss zu lösen, dich zu verabschieden von den Zwängen, Verstrickungen, Blockaden und Hemmnissen auf deinem Weg ins Licht. Wo Liebe ist, kann die Angst nicht sein - das ist die einfache, wirkliche Wahrheit. So verstärke die Liebe, atme Vertrauen und docke dich nicht mehr an die althergebrachten Mitbringsel vergangener Zeiten an. Ängste haben die Menschen seit Jahrtausenden in Schach gehalten, manipuliert und abgebracht vom Glauben an die göttliche Urkraft. In diesen Zeiten ist jeder aufgefordert, diesen entscheidenden Schritt zu wagen. Lass dich fallen ins Urvertrauen deines Wesenkerns. Du bist viel mehr als du glaubst, du weißt viel mehr als du ahnst und du kannst viel mehr als du dir zutraust.

So richte den Blick wieder auf das große Ganze, auf die Schöpfungsgeschichte und die Zukunftsvision der gesamten Menschheit. Fühle deinen Part der Entwicklung und nimm alle Aufgaben und Herausforderungen dankend an. Sträube dich nicht mehr, ziere dich nicht mehr und sag dich von allen Zweifeln los. Jetzt ist die Zeit der inneren Einkehr und die Zeit der großen Offenbarung. Jeder Mensch, jeder Lebensstrom kann in Kontakt mit seinem inneren Lehrmeister kommen und den Impulsen seines Herzens folgen. Der Sprung in die neue Zeit beflügelt euch und gibt euch die Kraft, die Turbulenzen der aktuellen Transformationszeit zu meistern. Alle Lichtwesen stehen bereit und helfen mit, den Wandel zu unterstützen. Jedes lichtvolle Herz schenkt einen wertvollen Beitrag, jeder Leuchtturm potenziert das Geschehen und jeder liebevolle Gedanke erhöht das Lichtnetz dieser Erde. Alles ist mit allem verbunden, jeder Einzelne unterstützt das große Erwachen auf seine eigene Art und Weise. Wundervolle Zeiten stehen bevor, macht euch bereit auf die großartige Reise in lichtvollere Ebenen eures Seins.

"In jedem Augenblick kannst du dich verwandeln und trägst damit zum großen Wandel bei."

"Der Zauber des Augenblicks hält Wunder für dich bereit."

Hadere nicht mit scheinbaren Rückschritten. Sie offenbaren dir Erkenntnisse und schenken dir eine Einladung zu Demut und Dankbarkeit. Denn ohne Krisen und Fehlbarkeiten könntest du das Leben nicht in seinem vollen Umfang an Erfahrungen erfassen. Durch das Wechselspiel von Sonne und Schatten lernst du, die Sonnenstunden noch mehr zu genießen und wertzuschätzen. Danke auch jedem einzelnen Tag für seine Fülle an Erfahrungsschätzen, die er für dich bereithält.

Du selbst hast es in der Hand, die Qualität deiner erlebten Wahrnehmung und Handlungsfähigkeit zu gestalten. Stell dich den Herausforderungen deines phantastischen Lebensweges, der dich manchmal auch an innere Begrenzungen führt. Atme dich frei, sprenge die Fesseln alter Gewohnheiten und definiere deinen neuen Umgang mit schwierigen Situationen. Durch dieses Buch sind dir viele Werkzeuge bekannt, die du nutzen kannst, um dich mehr und mehr zu veredeln.

Ja, das stimmt und ich bin auch sehr dankbar für dieses umfassende Wissen, das ich aufschreiben durfte. Ich muss sagen, heute, einen Tag nach dem Beginn unseres Zwiegesprächs, fühle ich mich deutlich besser. Ich hatte einen viel ruhigeren Schlaf, der mir mehr Erholung schenkte und ich fühlte mich irgendwie beschützt und behütet. Heute habe ich voller Freude und Energie mit meiner Familie das Cover gestaltet und spürte den Fluss und die Führung bei diesem Tun. Das Buch nimmt nun Gestalt an und der Inhalt wächst und gedeiht ebenfalls.

Nun fehlt nur noch das Setzen und Gestalten der Seiten, was mir ebenfalls sehr große Freude macht. So fühle ich mich heute sehr inspiriert, beruhigt und habe den Wunsch, das Buch zu vollenden, das in einigen Wochen für alle Menschen erhältlich sein wird. Ich spüre, dass der Inhalt die Herzen der Leser/innen berühren wird und wünsche mir, dass es den Wandel jedes Einzelnen unterstützt.

In mir ist so viel Demut und Dankbarkeit, die ich dir nun noch einmal übermitteln möchte. Ich danke dir von ganzem Herzen für dein Vertrauen, deine Geduld und deine Liebe, die ich wahrnehmen konnte und die mir immer wieder Kraft und Zuversicht schenkten.

Ich danke dir für dein Sein, deine Hingabe und deine Offenheit. Ich freue mich auf das Ergebnis und segne dieses Buch, das die Kraft hat, das Leben der Leser/innen zu verwandeln. So sei es. AMEN

Danksagung

Nun ist er vorbei, der intensive Schreibprozess, der so eng mit meiner persönlichen Weiterentwicklung verwoben ist. Dankbar und glücklich schaue ich zurück auf ein Jahr voller Erkenntnisse, Offenbarungen und Inspirationen, aber auch voller Zweifel, Ängste und Resignationsphasen.

Ich möchte mich herzlich bei meiner Familie bedanken, die mich auf dieser Entwicklungsreise begleitet hat. Sie hat mir immer wieder den Mut und die Kraft gegeben, den Weg zu gehen und die Herausforderungen anzunehmen. Das Verständnis und der Zuspruch war und ist mir so viel wert. Ich bin wirklich überwältigt von meinen Söhnen Jonas und Simon, die mir mit ihrer Liebe und Weisheit so viel geschenkt haben und die mich auch immer wieder auf meine Schwächen hinweisen, die ich noch veredeln darf. Sie waren außerdem maßgeblich an der Cover-Gestaltung beteiligt und hatten tolle Ideen für die Umsetzung.

Mein Dank gilt auch meinem Yogalehrer Uwe Gottstein, der mir bereits vor über 20 Jahren eine sehr individuelle und spirituelle Ausbildung ermöglichte, die meine Anbindung an die geistigen Ebenen vertiefte. Von Herzen danken möchte ich außerdem Bärbel Heil, die mich auf meinem persönlichen Entwicklungsprozess unterstützte und mir half, meine Wahrnehmungskanäle zu intensivieren.

Ein besonderer Dank geht an meinen Mann Kai, der mich

immer wieder aufgebaut hat, wenn ich verzweifelt und traurig war oder mich Selbstzweifel und Unsicherheiten gefangen hielten. Ich danke ihm auch von Herzen für die Gestaltung des Buches und das mutige Annehmen der damit verbundenen Herausforderungen. Ich danke dir so sehr für deine Liebe, deine Unterstützung und dein Sein!

Von Herzen danken möchte ich natürlich Jesus Christus, der mir dieses Buch übermittelte und die gesamte Zeit über so viel Geduld, Verständnis und Liebe gezeigt hat. Mit liebevoller Klarheit hat er das Werk zu seiner Vollendung gebracht und jedes Detail wundervoll geplant und eingefädelt. Ich danke dir für dein Wirken und alles, was ich an und mit dem Buch lernen durfte und weiter lernen darf.

Auch ich möchte danke sagen für die Möglichkeit, das Wissen an die Menschheit weiterzugeben. Die Zeit ist reif für das kollektive Erwachen, und der große Bewusstseinssprung steht kurz bevor. So danke ich allen, die an der Gestaltung und der Umsetzung des Buches beteiligt waren - ob im physischen oder feinstofflichen Bereich. Es ist wundervoll zu sehen, wie das Werk nun kurz vor der Vollendung steht. Die Verbindung war und ist ganz besonders in der Natur so klar und rein - es war ein Genuss mit dir, liebe Antje, zusammenzuarbeiten. So vollende das Buch in Freude - Möge es sehr vielen Menschen ein hilfreicher Begleiter sein.

Antje Tittelmeier
Meditationen für Klärung &
Reinigung

Die CD beinhaltet Meditationen, die du sehr gut für reinigende und klärende Prozesse im Alltag nutzen kannst. Ob es sich um Belastungen aus der Vergangenheit, Verstrickungen im zwischenmenschlichen Bereich oder Verletzungen aus der Kindheit handelt, verschiedene Themen können auf diese Weise gelöst und gereinigt werden. Neben Meditationen aus dem Buch sind auch zusätzliche Meditationen auf dieser CD vorhanden. So befreie dich von den Schatten der Vergangenheit und komm zurück in deine Kraft.
Triskel Verlag
ISBN 978-3-96458-005-4

Antje Tittelmeier
Meditationen für Ruhe & Balance

Auf dieser CD gibt es Meditationen, die das innere Gleichgewicht fördern und dir Ruhe und Entspannung schenken. Sie unterstützen dich auf dem Weg zu innerer Gelassenheit und fördern Harmonie und Wohlbefinden im Alltag. Neben Meditationen aus dem Buch sind auch zusätzliche Meditationen auf dieser CD vorhanden. So kehre zurück in deine Balance und tanke neue Kraft für den Alltag.
Triskel Verlag
ISBN 978-3-96458-006-1

Antje Tittelmeier
Meditationen für Frieden &
Leichtigkeit

Auf dieser CD gibt es Meditationen, die Frieden und Leichtigkeit schenken und dich auf eine Reise zu dir selbst einladen. Es geht um Selbstliebe, Selbstvergebung, das Loslassen von Ängsten und das Wiedererlangen innerer Leichtigkeit. Neben Meditationen aus dem Buch sind auch zusätzliche Meditationen auf dieser CD vorhanden. So kümmere dich um dein Wohlbefinden und schenke dir den Raum zur Entfaltung des dir innewohnenden Potentials. Fühle Leichtigkeit und Frieden in dir wachsen.
Triskel Verlag
ISBN 978-3-96458-007-8

Antje Tittelmeier
Transformation ins Licht / Hörbuch

Auf dieser CD findest du das gesamte Wissen des vorliegenden Buches in Form eines Hörerlebnisses. Die Autorin Antje Tittelmeier ist die Sprecherin dieses kompakten Werkes, das dir die vielen Erkenntnisse und Weisheiten mit ihrer einfühlsamen und angenehmen Stimme vermittelt. So kannst du die Inhalte der 12 Kapitel jederzeit anhören und damit nach deinen individuellen Wünschen vertiefen. Tauche ein in die gechannelte Bedienungsanleitung zum Erwachen.
Triskel Verlag, Doppel-CD
ISBN 978-3-96458-004-7

Auf dem Youtube-Kanal „GesundheitsTipp.TV findest du
in der Playlist „Meditationen" folgende Meditationen aus diesem
Buch, die du jederzeit kostenlos anhören kannst:

„Meditation zur Lösung von der kollektiven Angst"
„ Lichtmeditation"
„ Meditation zur Selbstvergebung"

www.gesundheitstipp.tv

Weitere Übungen, Informationen, Vorträge und Seminare zum
Buch „Transformation ins Licht" findest du unter:

www.lichtbrennpunkt.de

Das gesamte Verlagsprogramm kannst du dir anschauen unter:

www.triskel-verlag.de